上海教师教育丛书
知新书系

李敏　金德江　著

数字时代的家长学校

上海教育出版社
SHANGHAI EDUCATIONAL
PUBLISHING HOUSE

上海教师教育丛书编委会

总　序

教育改革的步伐已经进入了关注教师发展的新阶段。不是因为课程改革已陷于制度性疲倦，不是因为评价改革终将受制于社会发展的瓶颈，也不是因为我们拥有超过千万的中小幼教师队伍，每年有数十万的青年人正在进入这个领域。课程也好，评价也罢，根本上它们都内在于教师。拥抱"教师的年代"，不在于讨论有多少以教职为生计的人，而在于如何拥有师者的内在品质，值得学生效法，使自己从一名教者成长为一名真正的师者。

关注教师是国际教育改革的普遍趋势

制度化教育确立以来，课程长期占据着学校教育的中心地位。直到20世纪60年代，国际教育界才开始把视线转向教师。这是由于课程、教学、评价、管理这些学校层面的所有改革，最终都离不开教师。尽管半个世纪以来，教师职业到底算不算专业还存有不同的看法，但关于教师的专业化问题持续受到广泛关注。

中国向来具有别于西方的教育传统。中国古代教育有重教师、轻课程的传统，唯这种传统并未演化成现代意义上的教与学的机制，更未形成制度化的学校，因此循着传道授业解惑的路径发展教师素养的希冀，愿望虽好，但缺少登梯之阶，难以形成规范。近年来，随着教育国际交流的增进，尤其是上海学生在PISA项目中的表现，引来国际社会对中国教师组织化程度经验的关注，其中教研组和集体备课被认为是两大亮点。因为在西方，教师的教学行为被认为是从属于个人的专业行为，即便是同行也不得任意干预，可以想见，其结果便影响到授业与指导经验的传播。问题是，中国学校教研组的形式究竟以怎样的方式引导教师提升专业能力，尚缺乏充分的论证和公认的成果。理论上来说，一个组织如果确实发生了影响，既有可能是正面积极的，也有可能是负面消极的。教研组对于教师的影响，既未被证实也未被证伪，能否成为经验尚待科学论证。至于集体备课,不久前在上海对近 8000 名中小学幼儿园教师所进行的问卷调研显示:面对庞杂的课程事实和众说纷纭的教师要求,一大批成长期的教师从茫然不知所措,到随波逐流;而所谓"成熟期"的教师则顾影自怜地停留在自我经验的世界中,真正知识讲授型教师则难觅踪影。教师发展的局限已成为深化课程改革的短板,这样的局面不改变,教育质量有大滑坡的风险。

教师的成熟需要积累丰富的社会实践

在汉语中,我们把师者称为"老师",一般解释其中的"老"无义,表尊敬。其实《荀子·致士》中强调了做老师有四个条件,其中一条曰"耆艾而信,可以为师"。古人把 50 岁的人称为"艾",把 60 岁的人称为"耆",把 70 岁的人称为"老"。这或是"老师"称谓的早期由来。可见,年龄本是成为教师的一项先决的基本条件。只是在制度化教育出现以后,尤其是以分科为特征的知识传授成为学习的基本模式形成以来,这种年龄的限制才被取消。

古人为什么会对为师者设置年龄限制,是因为教师的职业属性是一名"杂家",这样的"杂家"不经过长期的、丰富的社会实践积累,是难以炼成的。在今人眼里,"杂家"似乎意味着专业程度低人一等。其实,无论是在古代中国还是在近代西方,强调的都是社会中的个体应具备多方面的才能。孔子所谓的"君子不器"不是在谈"杂家"吗?而马克思关于人的全面发展又何尝不是在谈"杂家"呢?及至当代,"把一个人在体力、智力、情绪、伦理各方面的因素综合起来,使他成为一个完善的人,这就是对教育基本目的的一个广义的界说"(《学会生存》)。这句话表明"杂家"较之于"专家"更近于"完善的人"。教师面对的是多姿多彩的学生,每个学生都有各自的阅历,他们的家庭、他们的生活、他们的所见所闻都不尽相同,每个学生都是一个完整的世界,每个学生又都是一个独特的世界。教师要想成为学生精神生活的指引者,自己必须是一个精神生活丰富的人。而精神生活丰富的基础就是有渊博的知识,不仅是专业知识,而且是与之相关的各方面的知识。

岗位成长已成为教师专业发展的共识

我们拥有成熟的师范教育体系,拥有完备的教师任职制度,是否就意味着我们拥有了优秀教师的培养机制?想要回答这一问题,须明了教师是师范院校培养的吗?教师资格认证制度是从教的当然资质吗?

教师知识与技能的习得途径主要有三种:一是书本阅读,二是课堂知识传授,三是实践体悟。前两种可以通过岗前培养与训练获得,后一种则需要在岗锻炼习得。这就意味着,一名真正合格的教师无法在职前培训中完成,亦无法依靠教师资格认证制度自然解决。这也可以解释为什么近年来相当数量的示范性高中多从综合性大学招收新任教师,是示范性高中教学要求低,还是这些学校无视教育的专业属性?答案显然不是。教师的专业性主要不在于"知",而在于"行",即一名教师在从教岗位上的实践、探索、体验、反省和觉悟。可以认为,教师是在岗位实践中自我型塑的,师范院校也好,综合性大学也罢,都不过是为一名教师从教所做的预判性准备。

所谓教学,不是教师把知识从书本上搬家一样送到学生面前,它必须融入教师自己的透彻理解,没有教师的透彻理解很难有学生的透彻理解,"以其昏昏,使人昭昭"的事在教育上是难以发生的。在教师透彻理解的基础上,还必须考虑知识传授的方法。采取什么样的方法,除了教师的个人喜好外,还涉及知识的难易程度、学生的接受程度以及教学资源的承受能力等因素,取舍之间,包蕴着非常丰富的个性化知识。一名真正的优秀教师拥有丰富的个性化知识,犹如中医问诊中的察颜把脉。这种知识无法仅仅通过书本研读和知识传授获得,需要通过实践不断揣摩,从而得到一种内化了的知识。显然,它是一种非常个人化的特殊知识,需要教师在对每个学生"辨症"施教中不断积累,其习得主要依赖于教师的个人努力。由此,可以得到一条简单而又明确的结论:帮助一名从教者,使之成为一名真正的师者。可以说,帮助数以千万计的从教者,使其早日成长为师者,这是今日中国教师教育领域的一项重大课题。

助推教师成为教育的思想者、研究者、实践者和创新者

国家兴旺，教育为本；教育优先，教师为基。持续了半个世纪的教育改革浪潮把教师发展推到了历史的前台。在当代教育的历史进程中，教师不是单纯的任务执行者，而是教育的思想者、研究者、实践者和创新者。在专业发展的路径上，教师的主体地位、精神和意识得到了时代的推崇，教师专业化发展和对教师的重新发现将对教育产生重大影响。可以说，教师问题的重要性已无须讨论，而应考虑如何实践。

新一轮课程改革呼唤着教师创造性地施行教与学的行为。吊诡的是，一大批被应试教育熏陶出来的青年走上讲坛，他们却被要求培养有创新能力的学生。面对变化了的教学材料和教学要求，是施教者的一脸迷茫和不知所措。英国教育家沛西·能曾说过，教师是学生学习的最大动力。问题是，迷茫中的施教者如何才能让自己成为学生学习的动力呢？

基于上述认识，由上海市师资培训中心主持，联合上海师范大学、华东师范大学以及上海教育出版社等单位，倾力研发并打造了这套"上海教师教育丛书"。本丛书由"知会书系""知新书系"和"知困书系"三部分构成，分别聚焦新教师的教学规范、校本的教师研修经验以及优秀教师的成长启示，旨在从岗位上助推有资历和创造性的教师成长，这是我们的理想和愿望。

鉴于本书系不仅是上海也是国内自改革开放以来第一次全面系统开发的教师在岗培训教材，限于能力和水平，在编写过程中尚有诸多局限和不足，乞教于方家，不吝批评指正！

上海教师教育丛书编委会
2017 年 4 月

前　言

建设家长学校是中小学校、幼儿园开展家庭教育工作的重要途径和有效形式,是家庭、学校、社会(以下简称家、校、社)协同教育与合作的重要组成内容。因此,研究家长学校的性质、特点和发展规律,具有重要的理论价值和实践意义。

20 世纪 80 年代初,受到苏联教育家马卡连柯的《父母必读》和苏霍姆林斯基的"家长学校"思想的影响,开办家长学校、开展家庭教育指导的实践逐渐兴起,浙江省宁波市象山县石浦镇中心小学、上海市虹口区长治中学(现为上海市澄衷初级中学)、广东省广州市荔湾区乐贤坊小学等学校率先建设了一批家长学校。此后,家长学校如雨后春笋,蓬勃发展。

进入 21 世纪,《全国妇联　教育部　中央文明办关于进一步加强家长学校工作的指导意见》明确要求"家长学校要按照阵地共用、资源共享、节俭办学、务求实效的原则,努力达到有挂牌标识、有师资队伍、有固定场所、有教学计划、有活动开展、有教学效果的规范化建设目标",进一步明确了家长学校的办学要求。

虽然我国的家长学校早在 20 世纪 80 年代已经出现,几十年来,国家及地方给予了很多政策支持,但从效果来看,情况并不乐观。这主要是由学校对家长学校的重要性及其所承载的功能认识不足、对家长学校管理不系统,教师缺乏家庭教育指导能力及相应的课程资源等主客观原因造成的。这也说明我国的家长学校在理论研究、思想观念、运作机制、资源配置方面乃至功能结构方面都需要加大力度进行改革和创新。

如何改变家长学校流于形式的现状,将家长学校真正建设成为家校共育的纽带与载体？互联网信息技术为此提供了新思路。

随着数字化时代的到来，虚拟平台的搭建与运营、网络资源的开发与上传、线上直播的发起与参与、学习数据的追踪与反馈……不仅打破了传统教育的时空界限，而且改变了教与学的关系——丰富的课程资源、多样的活动形式为学习者提供了更多的选择，赋予了学习者更多的主动权，让学习方式更加灵活便捷、学习内容更具个性化；施教者可以更加快捷、全面地掌握学习者的学习行为与学习结果，通过数据反馈让教学活动与教学内容更加具有针对性，实现有的放矢、因材施教。

《中华人民共和国家庭教育促进法》第四十条明文规定，中小学校、幼儿园*可以采取建立家长学校等方式，针对不同年龄段未成年人的特点，定期组织公益性家庭教育指导服务和实践活动，并及时联系、督促未成年人的父母或者其他监护人参加。学校、幼儿园实际推进情况如何？推进过程中有问题和困难吗？如果有，会是哪些问题和困难？为此，我们成立了一个由多方专业人士组成的项目团队，想要通过对上海、江苏、广东、福建等地不同学校的家长学校建设情况进行调研，了解整体和局部，发现学校实践中存在的疑惑，并进行深入的分析和研究，以期为中小学、幼儿园开展家长学校建设实践工作提供些许借鉴和参考。此即本书立论的初衷。

本书在文献研究和实证调研的基础上，从家长学校研究和建设的"起源""现状""创新"三个维度，系统回顾了家长学校理念形成和实践发展过程，重点论述了数字化转型时代背景下家长学校的运营新模式，详细阐述了家长学校的制度建设、组织架构、平台建设、课程开发、活动实施、师资建设、评价反馈、资源整合等关键性问题，辅以不同学校的典型案例，既有理论的探索创

---

* 不同政策文件中对中小学、幼儿园的表述有所不同，如有些文件使用了中小学校、幼儿园，有些文件使用了中小学、幼儿园，有些文件使用了中小学校幼儿园，有些文件使用了中小学幼儿园。为尊重客观事实，本书中在提到相关文件时，保留其原有表述，其他地方则统一使用中小学、幼儿园的表述。

新,又有策略的经验分享。

如果您是中小学、幼儿园的管理者,但对家长学校的内涵和外延尚不清晰,对家长学校所承担的职能尚不明确,对家长学校的师资队伍建设与课程建设感到力不从心,对构建一个站位高、操作性强的家长学校顶层设计方案感到迷惘,您可在本书中找到一些思路。

如果您是中小学、幼儿园的教师,但不知道如何开发家庭教育相关课程,不了解家长喜欢什么样的家校活动,不清楚开展相关家校活动的具体做法,您可在本书中找到一些方法。

本书适用于中小学、幼儿园的管理者及教师,对学校构建家长学校的顶层设计方案具有一定的指导意义,对教师理解家长学校的内涵及开展家庭教育指导活动、提高家庭教育指导能力、开发家庭教育课程有一定的参考价值。

因研究者对本主题的专业研究广度还比较有限,书中定有不足和疏漏之处,特作为留白,一是敬请相关领域专家斧正,二是恳请能够与更多实践者开启新一轮的实证研究之旅。

李　敏

2022 年 12 月

目　录

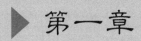

第一章

追根溯源

『本章核心内容』

《全国妇联 教育部 中央文明办关于进一步加强家长学校工作的指导意见》指出,家长学校是宣传普及家庭教育知识,提升家长素质的重要场所,是指导推进家庭教育的主阵地和主渠道。本章结合数字时代背景,对家长学校的概念内涵、主要任务、意义影响等进行剖析,从理论政策、技术条件等层面详细阐述家长学校的发展历程。

第一节 数字时代教育的特点

随着科学技术的迅猛发展,新知识、新观念、新技术层出不穷。人们的日常生活受到了高科技的深刻影响,人类正以前所未有的一种快节奏方式迎接未来,衣食住行、工作、学习等也因此产生了巨大的变化。就购物而言,人们在各种线上商城、直播间就可随便挑选、下单购买自己喜欢的商品,通过快递的方式收发货物,支付宝、微信支付代替了纸币的现场交易;就身心健康而言,人们可以跟着健身应用软件设定的路线完成跑步锻炼,甚至连体检结果都可以从医院的数据库中提取信息,进行横向比对;就出行而言,人们可以线上约车,乘坐地铁、公交车也可以刷卡支付;就饮食而言,人们可以通过外卖软件订餐来解决吃饭的问题,可以通过网络信息去了解和选择最适合自己的食物;就工作而言,人们可以通过 QQ 群、微信群、网络会议群等方式参与工作;就学习而言,除了纸质书本的学习,人们可以通过网络课堂、腾讯会议、线上讲座等途径开启多元化的学习之旅。

当下,我们的生活已经离不开移动互联网,数字化正在重新定义我们的生活方式和思考方式。数字信息技术成为我们日常生活中不可或缺的组成部分。随着数字技术的发展,我们的生活也逐渐数字化,这种样态越来越多地呈现在我们面前,让我们感知、感受着数字时代已然降临!

在数字时代,与数字化相关的技术,如人工智能、云计算、大数据、5G、工业互联网、物联网、区块链等,对人们的生产和生活产生了巨大的影响。这也对教育事业的发展提出了数字化转型的必然要求。教育的数字化转型,既改变了学校的教育形态和教师的教育手段,也改变了学生的学习方式和学习形态。就学校和教师开展各类教育教学实践(包括家长学校的规划和建设)而言,数字化转型既提供了更多的空间和可能,也带来了更为艰巨的挑战和任务。

具体到教育领域,数字技术将以何种形态、何种方式、何种节奏影响教育的发展,正在成为全社会关注的问题。探究数字技术如何重塑教育和如何规避可能带来的风险,意义重大[1]。尤其在疫情防控期间,"停课不停学"的形势下,数字化工具的使用不仅使教师创新了教育教学方式,还为家校沟通协作提供了新思路。

一、让学习者掌握学习的主动权,使学习变得更加灵活精准

现代教育技术打破了教育的时间和空间,学习者可以根据自己的实际需要,自由选取学习内容、把控学习进度,多途径、多维度地进行知识"补氧",真正成为学习的主人。

所谓大数据,不仅是指数据数量之大,更主要是指通过对维度交错、来源多元、类型多样的数据的深度挖掘与分析,寻求数据背后的逻辑关系,使人们可以脱离以往依赖于小样本数据的推测或感性化的偏好性选择,转向基于理性证据的决策。学校可以借助各种数据分析平台或者小程序,通过对教育大数据的采集处理和分析(包括对学生试卷或作业的分析),帮助学生发现并开发自己的学习潜力,提升学业水平。学习者可以掌握学习的主动权,自主规划学习进度,选取个性化的学习内容、路径与方法,随时监控自己的学习情况,了解自己的学习效果。

二、让教师更加了解授课对象,使传授变得更加有的放矢

在数字时代,教育对人提出了更高的要求。随着新技术的不断出现和技术更新换代的周期变短,教师原有的专业知识已经不能满足教育发展的需要,这就要求教师自己成为学习者,不断更新知识,不断为自己蓄能。数字时代的到来让教师的学习无处不在。教师学习的外延变得宽广,教师可以根据大数据,全面掌握学生的学习行为与学习结果,从而有针对性地对学生进行指导。教师有的放矢地教,更能满足学生个体的成长需求。

三、让教学手段变得更加科学合理,使教育变得更加生动有趣

在数字时代,教师可以融合传统的教学方式与开放的教学方法,让教学手段

---

[1] 顾小清.数字技术带来教育生态变革[N].光明日报,2019-08-06(13).

从单一走向多元,让教育形式不断更新。许多线下教学无法实现的教育场景,可以在虚拟现实中实现。教师可以利用多媒体技术和网络技术,对客观场景进行模拟,使教学更形象生动,更受学习者的欢迎。这不仅达到了激趣启疑的目的,更提升了教育教学的效率。

可以说,数字化对教育的影响力度非常大,虽然大数据和人工智能运用到教育领域还有一些问题亟待解决,如大数据背后的隐私和伦理问题等,但它还是改变了教与学的形式。

四、让家校共育变得卓有成效,使发展变得更加透明可视

传统的家校共育方式有着良好的成效,而信息化手段的运用则使家校共育工作再上新台阶。例如,在调研家长需求的过程中,我们不再局限于纸质版的"家长调查问卷",而是将问卷通过平台推送给家长,家长在手机上填写并提交后,我们借助大数据进行统计分析;我们通过对家长需求的精准了解,有针对性地开展家庭教育指导活动,大大提升了指导成效;系统可以根据家长的学习偏好进行用户画像,实现内容的精准推荐;学习数据分析结果为学校的相关工作开展提供了决策依据……总而言之,数字化不仅提升了家校工作的效率,更重要的是提升了家校工作的质量,对构建和谐的家校关系、形成教育合力、促进师生的共同成长发挥了巨大作用。

数字时代改变了人们的工作方式、生活方式、交往方式。教育工作者应与时俱进,不断提升自己的学习能力,研究数字时代对学校教育工作的影响、对家庭教育工作的影响、对孩子成长的影响,进而有的放矢地开展教育教学工作,让教育更务实、更走心。

数字时代是一个伟大的时代,数字技术已经成为当代各类传媒的核心技术和普遍技术。尤其是在教育领域,数字技术使学习途径变得多元,人们获取信息的路径变得多样,信息得到了最快速度的推广和传播。随着信息化的不断发展,知识获取方式和传授方式发生了革命性变化,教育领域的数字化改革随之日渐加速。因此,无论是教师还是学生、家长,都要与时俱进,主动探究、学习,适应这个时代,充分运用相关知识提升自己的生活质量和学习质量,最终成为对社会发展有用的人。

第二节 家长学校概念的厘清

家庭教育涉及每个家庭,关系到孩子的身心健康。而家长学校是提高家长素质、普及家庭教育知识、提高家庭教育能力的重要场所,与学校教育、社会教育一起,成为孩子教育的三驾马车。

家庭教育对一个人的影响是巨大的,这一点已经得到了全社会的公认。随着时代的发展和进步,家庭教育越来越得到人们的重视。我国家庭教育指导工作已经开展 40 余年,其中,建设家长学校是开展家庭教育指导工作的重要方式。在国家的大力倡导下,我国的家长学校获得了很大的发展。

一、家庭教育与家长学校的关系辨析

(一) 家庭教育的内涵

1. 家庭教育的概念

家庭是一种特殊的社会生活组织形式,是以婚姻为基础、以血缘为纽带而形成的社会生活的基本单位,是社会最微小的细胞。教育是一种社会现象,广泛来说,凡是有目的有意识地增进人的知识技能,影响人的思想品德,发展人的智力和体力的活动,不论是有组织的还是无组织的,都是教育。人与人之间相互施加的有目的有意识的影响,都可以称为教育。① 在现代社会,家庭教育已经成为一门独立的学科,并且已经成为教育系统的重要组成部分。《辞海》对"家庭教育"词条的解释是"父母或其他年长者在家庭对儿童和青少年进行的教育"。一般来说,家庭教育有狭义和广义之分。狭义的家庭教育是指父母或者其他年长者在家庭内自觉地、有层次地对子女进行的教育②。这个解释是被大众认可和接受

① 赵忠心.家庭教育学:教育子女的科学与艺术[M].北京:人民教育出版社,2001:2-4.
② 中国大百科全书总编辑委员会《教育》编辑委员会.中国大百科全书·社会学[M].北京:中国大百科全书出版社,1985:140.

的。随着教育被重视，家庭教育也日益被国民重视，并被视为影响孩子成长的重要教育。有学者认为，家庭教育不仅要关注家庭成员之间的影响，还要关注家庭环境因素所产生的育人功能①。有学者认为，我们还要关注孩子在家庭教育中对家长的影响以及对家长教育的反馈过程。因为家长和孩子是两个相对的又互为条件的概念，家长作为养育者，在确定教育目的、教育内容、教育方法时，都要考虑到孩子的年龄特点与个性特点②。随着时代的发展，家庭教育的内涵逐渐扩大，家庭教育的概念也从狭义走向了广义。有学者认为，在家庭生活中，父母对子女实施教育，长者对幼者实施教育，同时，子女对父母，幼者对长者，也通过一定的方式实施教育，这就是广义的家庭教育，是家庭成员相互实施的一种教育。③ 而我们一般所说的家庭教育，是狭义的家庭教育。

在立法层面，家庭教育往往是指狭义的家庭教育。从国家层面来看，《中华人民共和国家庭教育促进法》第二条明确指出，本法所称家庭教育，是指父母或者其他监护人为促进未成年人全面健康成长，对其实施的道德品质、身体素质、生活技能、文化修养、行为习惯等方面的培育、引导和影响。从地方层面来看，早于《中华人民共和国家庭教育促进法》出台的各省颁布的家庭教育促进条例中，也都无一例外地明确指出，条例中所指的家庭教育是指父母或者其他监护人对未成年子女的教育和影响（以《重庆市家庭教育促进条例》为例）。

2. 家庭教育的意义和影响

家庭教育是人类社会最初的教育形态，是最有教育生命力的教育形态，家庭教育自始至终伴随着家庭的产生，也伴随着家庭的发展而发展。家庭早于学校诞生，家庭教育作为人类最初的教育组织形式与教育过程，是至今仍生生不息的教育形态，不会被高度发展的制度化教育组织形式而替代④。随着社会的高速发展，伴随经济增长与社会转型，家庭教育在人的成长中的作用越来越重要。在儿童和青少年成长过程中，家庭、学校、社会共同承担着培养的责任，而家庭教育则是对孩子影响最深刻、最久远的教育。从时间维度来看，家庭教育对人的影响

① 马和民,高旭平.教育社会学研究[M].上海:上海教育出版社,1998:445.

② 邹强.中国当代家庭教育变迁研究[D].武汉:华中师范大学,2008.

③ 赵忠心.家庭教育学:教育子女的科学与艺术[M].北京:人民教育出版社,2001:2-5.

④ 晏红.家庭教育指导概论[M].北京:教育科学出版社,2019:4.

是终生的；从教育效果来看，家庭教育是深入人骨髓之中的教育，是影响人的成长根基的教育。

习近平总书记指出，家庭是社会的基本细胞，是人生的第一所学校。不论时代发生多大变化，不论生活格局发生多大变化，我们都要重视家庭建设，注重家庭、注重家教、注重家风。从社会结构来看，家庭作为社会的最基本单元，营造良好家风、弘扬家庭美德是构建和谐社会最为重要的基础，更是社会文明程度的重要标志。从人的发展序列来看，家庭是个体生命成长的最初始的场所。从教育环境来看，家庭教育作为一切教育的基础、教育的重要组成部分，既是学校教育的重要支撑与有益补充，又与学校教育、社会教育共同构成了"三位一体"的综合育人格局①。

家庭教育对孩子的健康成长至关重要。《中华人民共和国未成年人保护法》明确规定，教育和保护未成年人，是国家、社会、学校和家庭的共同责任，是一项系统工程和社会工程，需要学校教育的努力、家庭教育的配合、社会教育的规范。家庭教育是学校教育的基础，两者相辅相成，不能割裂开来，缺少哪一个环节，都会对孩子产生不良影响。家庭是社会的细胞，家庭教育既是基础教育，又是终身教育，对一个人的成长有着不可估量和不可替代的作用。学校教育与家庭教育合作，携手助推孩子的成长，已经受到广泛的重视。家庭教育作为儿童教育过程中的特殊力量，是学校教育由封闭走向开放的有效载体。

家庭教育对于儿童的心理健康发展具有非常重要的作用，健康的培养目标、和谐温馨的家庭教育环境、积极科学的教育态度能使儿童的心理变得更加健康。综上所述，家庭教育是培根教育：培儿童成长之根、培家庭幸福之根、培学校发展之根、培民族素质之根。家庭教育直接影响学生的素质，关系国家和民族的未来。

（二）家庭教育中的常见问题及家庭教育指导的必要性

1. 家庭教育中的常见问题

家庭是社会的基本细胞，是社会的缩影，历史进步和社会发展使得家庭教育有着鲜明的时代特征。随着中国经济社会的飞速发展和数字时代的到来，信息

---

① 郁琴芳，徐群.教师家庭教育指导实务(初中版)［M］.上海：上海社会科学院出版社，2018：代序.

传输渠道增多,既给家庭教育带来了有利的条件,也出现了一些新情况、新问题。随着改革的不断深化,家庭教育遇到了前所未有的挑战,现代家庭教育中的各种问题日益突出。

问题一:家长的认识误区

在这个多元的时代,部分家长对家庭教育的认识存在偏差,他们虽然重视家庭教育,但有时也会感到焦虑和无所适从。

(1)过度关注孩子的早期教育。部分家长对社会的发展有着深刻的认知,明白社会竞争的激烈,于是"早早地为孩子筹谋"。这部分家长基于"不能让孩子输在起跑线上"的想法,过早地采用"强行开发"的模式培养幼儿,在孩子的认知水平还没有达到一定程度时就不惜财力、物力、人力过早开发。这些行为不利于孩子的身心健康成长。

(2)过度关注孩子的智力发展。受望子成龙、望女成凤的传统观念影响,很多家长认为学习是孩子取得成功的唯一途径,把家庭教育定位为学校学科教育的延伸,把自己定位为应试教育的陪练,不惜一切为孩子补习文化课,"看管"孩子学习。这部分家长把所有的精力和全部心思都花在孩子的学习辅导、成绩提升上,将孩子的品格形成、道德养成等都放到了次要的位置。这些观念不利于家庭教育的可持续发展。

(3)过度依赖学校教育。部分家长认为孩子只要到了上学阶段,进入了校园学习,自己就可以放手不管了,如果孩子发展得不好,行为习惯、学习态度等出现问题,那就是学校的责任。这是一种错误的认识。虽然学校教育和家庭教育都以培养人为目标,但两者是相辅相成、缺一不可的。学校教育与家庭教育中,教育者和受教育者的关系是不同的,前者是师生关系,后者是亲子关系,教育职能、教育环境、教育内容、教育方法和教育途径也是不同的。家长过度依赖学校教育对孩子成长不利。

问题二:家长的行为、方法误区

(1)过于重视智力因素而忽视非智力因素。现代社会节奏较快,家长对孩子的成长充满了担忧。部分家长认为孩子只有学习好才能考入好大学,拥有好工作,进而拥有美好的人生。正是这种片面的观点让家长过分关注孩子的学业发展,忽略了孩子在德育、体育、美育、劳动教育等方面的发展。

（2）过于重视物质上的满足而缺失对孩子的心灵关怀。现在物质生活条件不断提升，很多家长认为爱孩子就要给他最好的一切，而最直接的表现就是满足孩子物质上的要求，孩子要什么就给什么。这部分家长往往缺少对孩子的精神养育，包括心理成长的关注、情感世界的引导等。

（3）过于重视孩子的成功、成才而缺少科学有效的教育方法。很多家长急于让孩子成为优秀的人，在孩子面前说一不二，帮助孩子做决定、拿主意，甚至规划未来的人生，与孩子之间缺少沟通，对孩子采取粗暴、无理、蛮横的教育方式。这样的培养方式，使孩子的心理年龄和生理年龄严重不一致，容易造成孩子缺少主见、胆小怯懦、缺少担当，尤其缺少面对困难的勇气，更不具备解决问题的能力。

（4）过度关爱、过度保护而缺少对孩子独立人格的培养。很多家长自己吃过的苦舍不得让孩子再吃，自己走过的坎坷之路不忍心让孩子再走，在生活中将孩子照顾得无微不至。部分家长过度宠溺孩子，只要是孩子的要求，不加辨析全部照单满足。家长对孩子的不当爱护和保护，让孩子像温室里的花朵，不能抵挡成长中的风雨，离开父母便无法适应外面的世界。

（5）过度放纵孩子而缺少对孩子行为习惯的培养。部分家长对孩子的事情采取放任不管的态度，让孩子顺其自然地接受教育。这部分家长错误地认为对孩子负责就是尽可能地满足孩子提出的所有要求。这种放纵行为会为孩子的成长埋下相当大的隐患，对孩子规则意识的建立、行为习惯的养成是极其不利的。

（6）过度的经验主义而缺少与时俱进。很多家长想当然地认为自己全是对的，听不进别人的建议，也不主动去获得新的育儿知识，总是从自己的立场出发对孩子进行教育。殊不知，时代不同，孩子和家长成长的环境也不一样，这样的教育只会让孩子和家长的关系更疏远、代沟更大，很可能造成孩子表面应付而心里不服的教育结果。

（7）过多的母亲管教而父亲教育缺位。受男主外女主内的传统观念影响，很多家庭中，教育孩子的责任自然而然地落在了母亲身上，从生活到学习都由母亲来负责。殊不知，父亲在家庭教育中具有不可替代的作用。父亲和母亲有着不同的性别与行为表现，从不同维度影响孩子的发展，母亲给予孩子母性的爱，而理性、自信、坚强、力量、与世界的关系和联结，这些少不了父亲的引导，孩子需要在父亲的示范中逐渐形成良好的品格。孩子的健康成长需要父母的配合、优势互补。父母发挥各自身上的优势来养育孩子,才能使孩子身心健康成长,进而形成完整的人格。

(8) 过多的祖辈参与而父母教育缺位。随着社会竞争的激烈,很多家长很难在家庭和工作中寻找到平衡点。有的父母全身心投入工作,将孩子的教育权转交给祖辈,或者是以祖辈养育为主。父母教育的缺位,会妨碍亲子关系的建立,而良好的亲子关系是有效实施家庭教育的基础。

2. 家庭教育指导的必要性

有学者指出,家庭教育指导的含义有广义和狭义之分,主要是通过教育对象来区分的。狭义的家庭教育指导是指由社会通过大众传媒或社会机构,以家长为主要对象,以提高家长的教育能力和水平、改进家长的教育行为为直接目标,以促进儿童身心健康成长为目的的一种教育过程。狭义的家庭教育指导,实际上就是我们传统意义上的"家长学校"的概念,简而言之,就是教会家长如何教育孩子。广义的家庭教育指导拓宽了教育对象,符合现代意义上的家庭教育理论,因为家庭教育的双向互动性决定了家庭教育指导的对象不仅应包括家长,还应包括子女。从现实意义上来说,指导孩子如何孝敬长辈、接受长辈的教育、与家长或者其他长辈沟通,教给孩子在家庭生活以及其他家庭活动中需要遵循的行为准则,这些都需要家庭教育的方法的指导[1]。

在基层学校的实际工作中,我们通常采用狭义的家庭教育指导概念(见图1-1),即由家庭以外的社会组织和机构组织,以家长为对象,以提高家长的教育素质、改进家长的教育行为为直接目标,以促进儿童身心健康成长为目的的一种教育过程[2]。

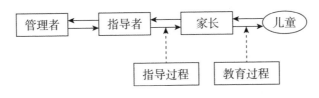

图1-1 狭义的家庭教育指导概念

---

① 胡杰.将家庭教育指导纳入政府公共服务体系的研究[D].上海:上海交通大学,2011.
② 李洪曾.家庭教育指导的目的、任务、性质与渠道[J].山东教育,2004:23.

　　有学者把家庭教育指导从家庭教育中剥离出来,提出了"4421"的家庭教育指导理论框架,认为在家庭教育指导工作的全过程中涉及 4 类对象,分别是儿童、家长、作为指导者的教师和组织管理这项工作的分管领导;包括 4 个具体的过程,即儿童的发展过程、家长对儿童的教育过程、指导者对家长的指导过程和组织管理者对指导者的组织管理过程;任何一个具体的过程都在两种环境下进行,即物质环境和精神环境;以上全部的要素都会受到社会大背景的制约。

　　家庭教育指导的内涵和外延在渐渐地发生变化。家庭教育指导不再是帮助社会上的困难群体,预防和解决部分由经济困难和不良生活方式造成的社会问题,而是要根据一定的社会要求和家长与青少年儿童的发展需求,有目的、有计划、有组织地对家长实施影响,使家长的教育行为符合青少年儿童的身心发展和教育规律①。

　　家庭教育指导有着明确的目标和内容要求,也有着多样的指导形式与方法,无论是对孩子成长,还是对家长、学校、社会发展都有着重要的价值和意义。教师运用多种学科的教育理念、手段、技术和方法,从理论、方法、内容和技术等方面对实施家庭教育的家长进行指导,帮助家长转变家庭教育理念、提高科学育儿素养、提升家庭教育水平。就孩子而言,家庭教育指导可以帮助孩子在不同阶段更好地渡过难关,逐渐成为全面发展的人;就家长而言,家庭教育指导可以使家长更新育人观念、改进教育方法、提升教育能力,最终提高育人水平,让家长在了解孩子的基础上采取更科学有效的方式陪伴孩子成长;就学校而言,家庭教育指导可以使家校合作更深入、更紧密、更高效,有助于学校教学质量的提高,进而全面地推动素质教育;就社会而言,通过家庭教育指导这一手段,提升家长的育子能力,让家长与学校一起助推孩子的成长,可以为社会发展提供更多的高素质人才,满足时代发展的需要。

　　综上所述,虽然全社会都高度重视家庭教育,但由于家长的家庭教育指导能力参差不齐,家长的教育观念、文化水平、教育方式等有所不同,当下的家庭教育还有很多不尽如人意的地方。我们必须正视家庭教育中存在的问题,这些问题的解决直接影响着孩子的成长,关系到我国未来的发展与强盛。这些新问题有待通过家庭教育指导一一解决,需要学校进行有效的干预和指导,使学校和家庭

---

① 张竹林.智慧开启:家庭教育指导教师教程(学前教育版)[M].上海:华东师范大学出版社,2019:3.

在教育孩子上达成一致，形成合力。

"家长学校"是 20 世纪 80 年代后期在我国兴起并迅速发展的，通过学校对家长进行指导的一种较为常见的家庭教育指导形式。办好家长学校对提高家长教育能力和促进孩子健康成长、促进家庭教育和学校教育发展、破解家庭教育低效难题具有重要的理论和实践意义，对家庭教育的影响深远，对孩子的健康成长意义重大。

（三）家长学校的概念、主要任务、意义和影响

1. 家长学校的概念

家长学校，顾名思义，是家长接受教育的机构，家长学校的教育对象是家长（包括父母、祖辈及其他监护人）。家长学校是中小学、幼儿园普及教育子女科学知识、指导家庭教育的一种较好的形式。

国内对于家长学校的概念主要有两种界定。第一种界定来自《教育大辞典》。家长学校是指以婴幼儿、中小学生家长为主要对象，以传授家庭教育的科学知识和方法为主要内容的一种业余教育形式①。家长学校具有多种任务，包括：更新家长的家庭教育观念；发挥家庭教育的协助作用，使家长配合学校教育实施；使家长能够掌握科学的教育方法，获取科学的教育知识；优化儿童的家庭教育环境。家长学校一般由中小学校、妇联、妇幼保健院（所）、家庭教育研究会等部门兼办。第二种界定来自全国妇联和教育部于 2004 年 10 月联合颁发的《关于全国家长学校工作的指导意见》（妇字〔2004〕41 号）。家长学校以未成年人的家长及其抚养人为主要对象，是为提高家长素质和家庭教育水平而组织的成人教育机构；是宣传正确的家庭教育思想，普及科学的家庭教育知识的主要场所；是中小学、幼儿园开展家庭教育工作和党政机关、企事业单位、社区、村镇进行公民素质教育的有效途径；是联系学校、家庭、社会，促进形成三结合教育网络的工作桥梁；是优化未成年人健康成长环境、推进社会主义精神文明建设的重要阵地。

2. 家长学校的主要任务

家长学校是以未成年人的家长及其抚养人为主要对象，以指导在校学生家长教育工作为目的的学校；家长学校是教师与家长沟通的主要方式。对于学生来说，

---

① 顾明远.教育大辞典（增订合编本上下）[M].上海：上海教育出版社，1998：1583.

教师和家长都是教育者,只有两者的教育观念、教育方法统一,才能形成教育合力,真正发挥教育的作用。家长学校是培训家长较有效、较经济的渠道之一。

《关于全国家长学校工作的指导意见》明确指出,家长学校的任务是向广大家长宣传党和国家的教育方针、政策和法规;帮助和引导家长树立正确的家庭教育思想和观念,掌握家庭教育的科学知识和方法;向家长介绍未成年人生理、心理发展特点和营养保健常识,指导家长进行科学的家庭教育;联合所在学校、幼儿园、社区等教育单位或机构,为家长提供切实有效的指导与服务;帮助家长加强自身修养,营造良好的家庭环境,提高家庭教育水平,促进社会主义精神文明建设。由此可见,家长学校要传播科学的家庭教育知识,帮助家长更新教育观念、提高教育素质、改进教育行为,促进未成年人健康成长。

《关于全国家长学校工作的指导意见》要求,家长学校要制订教学计划,教学内容应有针对性。各地要采用适合本地实际的教育材料,注重科学性、实用性。2011年1月27日,《全国妇联 教育部 中央文明办关于进一步加强家长学校工作的指导意见》(妇字〔2011〕2号)指出,在教学内容上要依据《全国家庭教育指导大纲》,因地制宜地开展宣传实践和指导服务。因此,家庭教育指导的任务应包括:向家长宣传家庭教育对孩子成长的重要意义,向家长普及家庭教育的知识和方法,对家长如何解决在家庭教育中发生的问题进行指导,在家庭教育方面为家长提供服务。宣传、普及、指导和服务是基层家庭教育指导机构和指导者开展家庭教育指导的四项基本任务。

随着社会的进步,家庭教育越来越受到人们的重视。现代教育的一个显著特点和标志,就是由单纯的知识传递转变为全面提高人的素质,家庭教育则是造就人的一个重要方面。爱子之心,人皆有之;望子成龙,也是人之常情。这种真诚的爱,良好的愿望,往往因教育子女的难度较大而很难实现。建设家长学校是解决这类问题的主要途径。而帮助家长提高教育水平,是学校刻不容缓的责任。通过家长学校,可以传授家庭教育知识,使家长掌握家庭教育的基本原理、规律和方法;帮助家长树立正确的家庭教育观念,提高家长自身的素质,提高家长的家庭教育水平;加强家庭教育与学校教育、社会教育的联系①。

---

① 张竹林.智慧开启:家庭教育指导教师教程(学前教育版)[M].上海:华东师范大学出版社,2019:72.

3. 家长学校的意义和影响

改革开放以来,我国的经济发展非常迅速。随着计算机等技术的发展,电脑、手机等工具已经走进大众的生活,人们的思想状态呈多元发展态势。孩子的成长环境与以往相比发生了很大的变化:物质条件丰富了,成长环境改善了,但成长状况却复杂了,加上应试教育的冲击,使得家长更关注孩子的学习,学校德育实效逐渐削弱。孩子背着沉重的书包走进校门,带着沉重的精神压力和心理压力进行超负荷的学习,心理问题日益突出,在全国范围内,由各种综合因素导致的儿童身体伤害事件常有发生。近些年来,QQ、微信等交流工具和各种游戏对孩子生活的影响非常大。很多家长被这种无可奈何的"育儿之痛"困扰,甚至主动放弃了对孩子的教育,把教育孩子的责任全部转交给学校。这不仅是家庭教育的误区,更是家庭教育中可怕的真实现象。无论是家长主动推卸责任,还是家长被动放弃权利,都会制约孩子的成长。同时,家庭教育在孩子成长中如果缺失,还将转变为"学校教育之痛"。

家庭和学校是人成长的两个重要系统,两者相互依存、相互补充,同时相互影响、相互制约,可谓缺一不可。经过实践研究,我们发现,单靠学校的力量无法完成教育孩子的重任,组织指导家庭教育既是学校义不容辞的责任,又是对学校为学生提供更优质教育的必然要求。家长学校是对家长进行家庭教育指导的重要场所,是家长学习家庭教育科学知识的主要阵地,是学校家庭教育工作的重要组成部分。家长学校作为专门普及家庭教育知识、改进家庭教育方法的平台和媒介,能够推动教育改革,满足人们对教育的实际需求。

举办家长学校,可以从整体上提升家庭教育效果。办好家长学校,可以有效促进家庭教育开展。在家长学校建设过程中,一定要结合家庭教育的目的和需求,确定符合实际的教育内容、教育手段等,逐渐改变家长的家庭教育观念,教给家长处理家庭教育问题的具体方法和策略;同时指导家长为孩子营造温馨和谐的成长环境,构建家庭文化,最终帮助家长解决家庭教育中的具体问题,缓解家长的教育焦虑。

二、各级各类家长学校的比较

(一)家长学校的分类和主要特点

家长学校的形式很多,根据不同年龄段孩子家长的需要,开办有婴儿家长学校、幼儿家长学校、小学生家长学校、中学生家长学校、社区家长学校等①；根据特殊家庭的需要，开办有特殊儿童家长学校、失足青少年家长学校等。从授课形式来看，有课堂面授、广播函授、电视授课、网上指导教育等。

目前各地的家长学校按办学主体划分，可以分为六大类：一是由教育部门举办的家长学校，包括由中小学和幼儿园自行举办的家长学校、在教育行政部门统一组织领导下举办的家长学校两种；二是由妇联举办的家长学校；三是由关心下一代工作机构举办的家长学校；四是由社区举办的家长学校；五是由相关部门联合举办的家长学校；六是由社会力量举办的家长学校。其中，大众熟悉度较高的是由中小学和幼儿园自行举办的家长学校、由社区举办的家长学校。

（二）不同类型家长学校的比较

无论是哪一种家长学校都有一个共同点，即教育的目标一致：普及家庭教育知识，提供家庭教育指导，通过对家庭教育过程和家庭教育活动的指导，把受教育者培养成具有科学家庭教育观念及方法的优秀家长，最终成就孩子，使其健康成长。

由于办学主体不同，不同类型的家长学校有着不同的办学模式。由中小学和幼儿园自行举办的家长学校以学校为主要阵地，场所相对比较固定，与孩子的学习密切相关，家长更乐于参与。在教育行政部门统一组织领导下举办的家长学校具有体制和资源上的明显优势，教育内容具有时效性和针对性，教育组织形式可以利用现有的年级和班级设置。由妇联举办的家长学校比较注重体现政府的规范化要求，工作也比较深入细致，能够广泛团结各种社会力量。由关心下一代工作机构举办的家长学校可以充分发挥老干部、老教师、老工人、老专家、老战士等的作用，利用优势资源开展教育指导与教育跟踪。由社区举办的家长学校有地理位置上的优势，在老百姓家门口，资源多元，方便家长，但行政权威不足，各方面协调因素较多，维持发展艰难。由相关部门联合举办的家长学校能够克服单独办学中的师资、经费、场所、政策等方面的障碍，更容易实现优势互补和资源整合。由社会力量举办的家长学校常见于非政府的社会组织和企业、团体、大众传媒、个人举办的大量收费性质的家长学校，因为受利益的驱动，后续的管理和发展容易出现问题。不同类型的家长学校中，举办者的素质和教师队伍、办学

---

① 张蕾.家长学校的问题与对策研究[D].北京：中央民族大学，2007.

条件、管理水平等都参差不齐。要想更好地建设家长学校,为百姓服务,就要充分发挥教育主管部门的主体作用。

(三)由中小学和幼儿园自行举办家长学校的优势和重要性

1. 由中小学和幼儿园自行举办家长学校的优势

家校共育是以学校为主导,以育人为根本目的,以优化家庭和学校教育功能为主要途径的协同行动。目标的一致性和双方的互惠性是合作得以开展的根本。

由中小学和幼儿园自行举办的家长学校是实施家校共育的重要方式。学校是促进家长学习的重要力量。教师在学校里和孩子时刻不离,正是基于这样的优势,学校更容易发现孩子身上存在的问题。就当下家长较为关注的孩子厌学、沉溺网络、早恋等教育问题,无论是从班级层面,还是从学校层面,家长学校都能够因为有与孩子近距离接触的优势,使家庭教育指导既有的放矢,又能做到准时及时。通过家长会、家长学校等的培训指导,家长既能够发现孩子成长中的问题,又能够得到及时的指导,进而在问题暴露的初期对孩子进行引导。家长学校在提升家长育人智慧的基础上,让家长就孩子不同阶段的问题获得更有针对性的指导,不仅时间周期短,教育效果也更明显。

孩子有很多时间是在学校度过的,教师除了能够第一时间发现孩子学习、习惯养成、与人交往等方面的问题,还有一个更大的优势,就是对孩子成长的预见性。教师可以根据孩子的先天条件、个性特征等,激发孩子的潜能,培育孩子某一方面的素养,为孩子的发展奠定基础。家长学校通过对家长进行指导,让家长站在当下,为孩子的未来成长打好基础。

由中小学和幼儿园自行举办的家长学校能够多形式、多维度地对家长的学习进行评价,指导家长提升家庭教育能力。该类家长学校能够通过观察孩子的在校表现等来评判家长的学习效果,既能做到及时发现问题、及时指导,又能实现及时检测和反馈。这些是其他家长学校无法做到的。

由中小学和幼儿园自行举办的家长学校的优势是明显的。学校会从家庭教育的实际内容出发,根据不同年龄段孩子的成长特点、本区域内的教育发展样态、本校学生成长发展的实际情况,在国家相关文件的指导下,具体制定符合本校学生家长特点、能够解决本校学生成长问题的任务方案,让家长学校发挥应有的作用。

共育模式是开展家校共育、开展家长学校工作的基本图式,是教育工作者与家庭相互配合、相互支持、协同育人的工作路径。

2. 由中小学和幼儿园自行举办家长学校的重要性

家长越来越注重家庭教育,学校也越来越注重家校共育工作,家校共育形式多样,活动频繁,按活跃度排序,大致是家长会、家长学校(培训)、家访(包括电话等形式)、家长开放日、家长委员会、家长志愿者(义工)、家长论坛……可见,家长对家长学校的参与需求是极高的。这也说明了家长学校的重要性。

人是环境的产物。孩子的成长环境由近及远分别是家庭、学校、社会。家庭给孩子打下生命成长的底色,奠定孩子的情感基础和人格倾向并影响孩子的一生。家庭教育中的失败之处,学校难以弥补;学校教育如果不能与家庭教育同步,实现密切合作,孩子的身体健康、心理健康、社会性发展均会受到严重的影响。当这个最基本的道理被教育工作者、广大家长、广大民众深刻理解之后,家庭教育的最薄弱环节和学校教育的偏失被广大教育工作者洞悉之后,举办家长学校便是教育事业发展的需求,是社会和谐发展的需求,是国家人才战略的部署,也是人民大众的呼唤①。

家长教育是家庭教育的前提和基础,家长学校是实施家长教育的重要场所。我国家庭教育历来采用的是以家规、家训、家书为载体的传统模式。对未成年人的家长进行有目的、有计划、有意识的家庭教育指导,最早发生在 20 世纪 70 年代末 80 年代初,直至今天,我国家长学校的创建仍面临不少困难。要想真正把家长学校办好,就要把家庭教育的相关内容纳入学校教育,把家长学校纳入学校育人体系,做好学校教育和家庭教育的衔接,强化家长学校的教育属性,实现家长学校的规范化建设。家校共育,才能使家庭教育和学校教育产生最佳的效果。

家长学校可以系统地向家长传授抚养、教育子女的科学知识,为家长介绍教育子女的成功经验,提高家长的教育能力和教育素质,及时解决家长教育子女过程中的痛点和难点问题,不仅能提升家长的认知,更能给出具体的方法指导,有利于孩子的身心健康发展。

2021 年 10 月 23 日,第十三届全国人民代表大会常务委员会第三十一次会

---

① 教育部关心下一代工作委员会全国家长学校教育实验区领导小组办公室.家长学校建设理论与实践[M].北京:学苑出版社,2013:107.

议表决通过了《中华人民共和国家庭教育促进法》。这是我国首次就家庭教育进行专门立法,具有里程碑意义。上海师范大学校长袁雯曾在 2020 年、2021 年的全国两会上提交有关家庭教育的提案。袁校长希望,广大学校、相关政府部门和社会教育机构都能站在立德树人的高度共同建设好家长学校,帮助家长树立依法教育孩子的意识,提高家长科学教育孩子的能力,通过多措并举,真正把法律贯彻落实到位;每个家庭都能成为支持孩子健康快乐成长的沃土,更好地促进未成年人的健康成长和全面发展。

第三节　家长学校的前世今生

一、家长学校建设的理论基础

马卡连柯认为,我们应当组织家庭教育,而且作为国家教育代表的学校应当是组织的基础,学校应当领导家庭。苏霍姆林斯基认为,没有家长学校,我们就不能设想会有完满的"家庭—学校教育"。科尔曼(1966)在《关于教育机会平等性的报告》中用大量数据表明,影响孩子学习成绩的主要因素是家庭。孩子所接受的家庭教育一直在幕后操纵孩子的学校生活,家庭教育是学校教育永远的背景和底色。这些关于家长学校的思想的引入,对我国开办家长学校、开展家庭教育的实践,产生了积极的影响。

我国学者朱庆澜在《家庭教育》一书中提出:刚出生的孩子就像雪白的丝一样,要经历家庭、学校、社会三道染缸。家庭教育是为孩子一生发展打底色的教育。家庭同学堂要一气。

近年来,随着我国家庭教育事业不断发展,对家庭教育的宣传力度不断增大,理论研究不断深入,指导和服务水平不断提高,广大家长的教育观念日益更新,他们迫切需要科学教育子女的能力和方法。为了对未成年人的家长进行有目的、有计划的家庭教育指导,家长学校应运而生。

二、家长学校建设的政策依据

家长学校一开始就得到了教育部门领导的关怀、肯定和支持。1984年，教育部张文松部长和彭珮云副部长分别在全国中小学思想品德教育工作座谈会和中国少年先锋队队员代表会议上明确指出，学校有责任同家长取得密切联系，有责任对年轻家长进行"再教育"[①]；举办家长学校，向家长系统地介绍教育学、心理学知识，这些做法都是很重要、很有必要的[②]。

至今，我国以开办家长学校为主要途径的家庭教育指导工作已经开展了40多年，《中华人民共和国教育法》《中华人民共和国预防未成年人犯罪法》《中华人民共和国未成年人保护法》都要求学校、教师为家长提供家庭教育指导。国家对家庭教育的重视，可以追溯到中华民国时期，正是由于国家政策的支持，我国家长学校的类别和数量有了很大的发展。

1940年，中华民国教育部颁发了《推行家庭教育办法》，目的是加强伦理道德教育，改进国民生活，以期建立现代化家庭。《推行家庭教育办法》规定，各级教育行政机关应督导各级学校、社会教育机关及文化团体、妇女团体，按照本办法之规定，积极推行家庭教育。

1941年，中华民国教育部颁发了《家庭教育讲习班暂行办法》。1942年，中华民国教育部制定了《家庭教育试验区设施计划要点》。这一时期，我国初步尝试创建现代化的家庭教育指导政策与管理体系。

1981年，《关于两个会议情况及一九八一年妇联工作要点的报告》中明确指出，全国妇联应把抚育、培养、教育三亿以上的儿童和少年，作为自己的工作要点。其中一个重要方面就是帮助家长加强和改进对子女的教育。

20世纪90年代初，国务院《九十年代中国儿童发展规划纲要》指出，要举办新婚夫妇学校、孕妇学校和婴幼儿、小学生、中学生的家长学校[③]。

1996年，全国妇联、国家教委提出了全国家庭教育工作"九五"计划。

1998年，全国妇联、国家教委颁发了《全国家长学校工作指导意见（试行）》，对家长学校的性质、任务、工作对象进行了明确界定，对妇联和教育行政部门的

---

① 张文松.在全国中小学思想品德教育工作座谈会上的总结讲话(摘要)[J].人民教育,1984(5):9-11.
② 彭珮云.坚决贯彻党的教育方针 培养全面发展的一代新人[J].人民教育,1984(9):3-5.
③ 宋岚芹.《九十年代中国儿童发展规划纲要》实施情况[J].中华儿科杂志,2000,38(5):3.

主要管理范围进行了划分,规定教育行政部门负责对中小学、幼儿园家长学校工作的指导,妇联组织负责协调社会各部门,指导家长学校工作。

2000 年,中共中央办公厅、国务院办公厅联合颁发了《关于适应新形势进一步加强和改进中小学德育工作的意见》,指出"各级党委和政府要关心支持家庭教育,各级教育行政部门要承担组织和指导家庭教育的责任"。

2001 年,《中国儿童发展纲要(2001—2010 年)》提出,要办好各类家长学校,帮助家长树立正确的保育、教育观念,掌握科学的教育知识与方法。

2004 年,中共中央、国务院《关于进一步加强和改进未成年人思想道德建设的若干意见》中强调,"各级妇联组织、教育行政部门和中小学校要切实担负起指导和推进家庭教育的责任""充分发挥各类家庭教育学术团体的作用,针对家庭教育中存在的突出问题,积极开展科学研究,为指导家庭教育工作提供理论支持和决策依据"。这个文件的颁布充分体现了党和政府对家庭教育理论研究的重视,这也是提升家庭教育指导水平的关键所在。全国妇联、教育部在《关于全国家长学校工作的指导意见》中,对家长学校的性质、任务等进行了补充。

2007 年,《全国家庭教育工作"十一五"规划》指出,要探索家庭教育指导和服务社会化、市场化运作新模式。

2010 年,《国家中长期教育改革和发展规划纲要(2010—2020 年)》明确提出,10 年内要制定家庭教育相关法律。[①]

2011 年,《全国妇联　教育部　中央文明办关于进一步加强家长学校工作的指导意见》对幼儿园、中小学校、中等职业学校家长学校的具体工作任务提出了明确的指标要求,即达到有挂牌标识、有师资队伍、有固定场所、有教学计划、有活动开展、有教学效果的规范化建设目标[②]。《关于指导推进家庭教育的五年规划(2011—2015 年)》中指出,"拓展家庭教育工作阵地,夯实家庭教育指导服务基础。巩固发展幼儿园、中小学、中等职业学校家长学校,规范化、常态化开展家庭教育指导活动。80%的城市社区和 60%的行政村建立家长学校或家庭教育指导服务点,有条件的机关、社会团体、企事业单位创办家长学校,为家长提供及

---

　　① 吕慧,缪建东.改革开放以来我国家庭教育的法制化进程[J].南京师大学报(社会科学版),2015
(2):9.

　　② 教育部关心下一代工作委员会全国家长学校教育实验区领导小组办公室.家长学校建设理论与
实践[M].北京:学苑出版社,2013:120.

时便利的公益性家庭教育指导服务。省、市、县及乡镇普遍建立家庭教育指导服务阵地""规范家庭教育指导工作,扩大家庭教育指导服务覆盖率。规范开展家庭教育指导服务,提升家长参与家庭教育实践活动的比率。幼儿园家长学校每学期至少开展1次家庭教育指导、2次亲子实践活动;中小学家长学校每学期至少组织1次家长指导、1次家庭教育实践活动;中等职业学校家长学校每学期至少组织1次家长指导或家庭教育实践活动。有关部门及各地对人口学校、孕妇学校、新婚夫妇学校和机关、企事业单位家长学校开展家庭教育指导和实践活动作出具体规定。坚持定期组织各级家庭教育讲师团、巡讲团等,深入基层开展家庭教育知识宣讲、咨询服务"。

2015年,教育部《关于加强家庭教育工作的指导意见》(教基一〔2015〕10号)对办好家长学校提出新要求。各地教育部门和中小学幼儿园要配合妇联、关工委等相关组织,在队伍、场所、教学计划、活动开展等方面给予协助,共同办好家长学校。中小学、幼儿园要把家长学校纳入学校工作的总体部署,帮助和支持家长学校组织专家团队,聘请专业人士和志愿者,设计较为具体的家庭教育纲目和课程,开发家庭教育教材和活动指导手册。中小学家长学校每学期至少组织1次家庭教育指导和1次家庭教育实践活动。幼儿园家长学校每学期至少组织1次家庭教育指导和2次亲子实践活动。

2019年,全国教育工作会议明确提出,要加强对家庭教育工作的支持,通过家长委员会、家长学校、家长课堂、购买服务等形式,形成政府、家庭、学校、社会联动的家庭教育工作体系。党的十九届四中全会提出,要构建服务全民终身学习的教育体系,构建覆盖城乡的家庭教育指导服务体系,注重发挥家庭、家教、家风在基层社会治理中的重要作用。

2021年,第十三届全国人民代表大会常务委员会第三十一次会议表决通过了《中华人民共和国家庭教育促进法》。该法的颁布实施充分体现了党和国家对家庭、家教、家风的高度重视。这是我国首次就家庭教育专门立法,具有里程碑意义。该法把家庭教育从"家事"上升到"国事",对家长、孩子的意义和作用巨大。该法指出,"县级以上地方人民政府可以结合当地实际情况和需要,通过多种途径和方式确定家庭教育指导机构。家庭教育指导机构对辖区内社区家长学校、学校家长学校及其他家庭教育指导服务站点进行指导,同时开展家庭教育研究、服务人员队伍建设和培训、公共服务产品研发""中小学校、幼儿园可以采取建立家长学校等方式,针对不同年龄段未成年人的特点,定期组织公益性家庭教育指导服务和实践活动,并及时联系、督促未成年人的父母或者其他监护人参加"。

2022年,全国妇联、教育部、中央文明办、最高人民检察院、民政部、人力资源和社会保障部、文化和旅游部、国家卫生健康委员会、国家广播电视总局、中国科协、中国关工委等11部门印发了《关于指导推进家庭教育的五年规划(2021—2025年)》(以下简称《规划》),把构建覆盖城乡的家庭教育指导服务体系、健全学校家庭社会协同育人机制、促进儿童健康成长确立为今后一个时期家庭教育的根本目标,推动"十四五"时期家庭教育高质量发展。在巩固发展学校家庭教育指导方面,《规划》指出,推动中小学、幼儿园普遍建立家长学校,每学期至少组织2次家庭教育指导服务活动,做到有制度、有计划、有师资、有活动、有评估。在规范强化社区家庭教育指导方面,《规划》指出,依托城乡社区综合服务设施、文明实践所站、妇女儿童之家等普遍建立家长学校,每年至少组织4次普惠性家庭教育指导服务活动。

家长学校的出现,反映了我国精神文明建设不断深入,反映了家庭教育蓬勃发展,标志着我国的家庭教育进入了一个新阶段。国家不断通过政策文件、教育法规等对家长学校提出要求,这对改进我国的家庭教育工作、开创家庭教育新局面、促进整个家庭教育事业的发展,都有着重要意义和深远影响。

三、家长学校建设的发展历程

鲁迅先生曾倡导"父范学堂",指出家长接受教育和训练的必要性。20世纪80年代初,浙江省宁波市象山县石浦镇中心小学、上海市虹口区长治中学(现为上海市澄衷初级中学)、广东省广州市荔湾区乐贤坊小学等学校率先建设了一批家长学校。此后,家长学校如雨后春笋,蓬勃发展。根据媒体公开报道,在2007年,全国有各类家长学校43万多所[①]。这其中包括了学校系统、社区和企业等多种家长学校类型。单就学校系统而言,根据2016年全国妇联、教育部在全国家庭教育工作电视电话会议上公开的数据,学校系统已建设有幼儿园、小学、普

---

① 新华社.加强未成年人保护全国现已创办43万多所家长学校[EB/OL].(2007-05-31)[2023-07-07].https://www.gov.cn/jrzg/2007-05/31/content_632108.htm.

通中学和中等职业学校家长学校 33.8 万余所[①]。

学校系统的家长学校发展脉络，大概分成三个阶段。

（一）1.0 阶段：线下家长学校

这是最常见的一种形式，以"六有"为主要特征，以线下为主要形式，故又称为传统的家长学校。大多数家长学校属于这个类型。

2011 年，《全国妇联 教育部 中央文明办关于进一步加强家长学校工作的指导意见》（以下简称《意见》）中明确要求，家长学校要按照阵地共用、资源共享、节俭办学、务求实效的原则，努力达到有挂牌标识、有师资队伍、有固定场所、有教学计划、有活动开展、有教学效果的规范化建设目标。《意见》对师资队伍、固定场所、活动开展提出明确要求或指引。

关于师资队伍的组成，《意见》明确规定，"幼儿园家长学校师资由幼儿园教师或聘请相关专业人士、志愿者担任""中小学校家长学校师资队伍可由学校教师、志愿者、优秀家长等组成，有条件的学校可聘请专家或社会工作者开展相关工作""中等职业学校家长学校师资可由学校教师或聘请专家担任"。

关于固定场所的来源，《意见》提到，幼儿园家长学校场地可利用现有的活动室、教室等。《意见》中对中小学和中等职业学校家长学校的场地没有具体描述。这几种家长学校同样属于学校系统的家长学校，幼儿园家长学校的场地来源可以作为参考。

关于活动开展的数量，《意见》明确规定，"幼儿园家长学校每学期至少开展1 次家庭教育指导、2 次亲子实践活动""中小学家长学校每学期至少组织 1 次家长指导，如家庭教育讲座、家庭教育咨询等，1 次家庭教育实践活动""中等职业学校家长学校每学期至少组织 1 次家长指导或家庭教育实践活动"。

从某种意义上来看，"六有"是对家长学校的底线要求。对学校来说，相关资源要素都具备，数量要求并不高，要实现"六有"可谓易如反掌。但在实际操作层面，不少学校对家长学校的理解不够深入，有的学校甚至连最基本的牌子都没挂，其他要素"缺胳膊少腿"的现象不在少数。究其原因，一是对相关文件缺乏基本的了解；二是工作停留在做的层面，在规范化建设方面重视程度不够。

---

① 新华社.我国推进家庭教育 建成家长学校逾 33.8 万所[EB/OL].(2016－11－24)[2023－07－07].https://www.gov.cn/xinwen/2016－11/24/content_5137226.htm.

对广大家长来说,挂牌标识、固定场所、教学计划属于后台资源,他们关注较少。至于教学效果,学校层面的结论和家长的实际获得感往往并非完全一致,姑且不论。活动和师资才是家长感知家长学校的窗口。所以,很多家长对家长学校的感知,主要是通过每学期的家长讲座。这些讲座以线下讲座为主。究其原因,主要是线下讲座操作性比较强,活动中容易保留过程性资料,有利于年终的工作总结。缺点也显而易见,线下活动受众有限,效率比较低。

在活动数量方面,根据《意见》的底线要求,幼儿园家长学校是每学期 3 场,中小学家长学校是每学期 2 场,中等职业学校家长学校是每学期 1 场。较低的数量要求难以满足家长多元化和个性化的需求。就学校而言,无论我们采用何种排序方式,家长学校工作在其工作序列中的排名都是靠后的。所以,在工作开展中,家长学校建设缺乏资金、师资等资源的支持,面临着诸多瓶颈。活动形式单一、质量有待提升、组织效率不高是常态。家长学校数量虽多,但总体来看,真正办出实效、发挥作用的仍属少数。

(二) 2.0 阶段:线上家长学校

线上家长学校准确来说是依托家校通、校讯通的家长网校。在互联网不断普及的大背景下,为了提升家长学校的办学效率,加强家校联系,苏州于 2005 年率先探索了线上家长学校这一模式。之后,该模式迅速得到推广和复制。2010年,《国家中长期教育改革和发展规划纲要(2010—2020 年)》颁布,在妇联、教育部门、文明办等党政机关的要求和部署下,各地掀起了创建线上家长学校的高潮。当年 10 月,由中华全国妇女联合会、中国家庭教育学会、中国移动通信集团公司联合主办的全国性质的线上家长学校宣布开通。随后,包括黑龙江省线上家长学校在内的 10 个省、区、市新建线上家长学校陆续上线。[①]

一般来说,线上家长学校的背后至少存在三方面力量:一是相关主管部门;二是技术开发和运营公司;三是电信运营商。其中,相关主管部门提供政策支持,技术开发和运营公司提供家校通、校讯通服务,电信运营商代为收取服务费用。相关主管部门往往不需要投入资金,线上家长学校还可以通过合理的收费服务方式获得资金反哺,用于支持专业人员有组织地开展各项家庭教育指导公

---

① 薛瑞昌.基于微信公众平台的"小学家长学校"开发与应用研究[D].芜湖:安徽师范大学,2017.

益活动。线上家长学校将家庭教育指导与家校联系相结合,将公益与商业有机结合,可谓是工作创新。在家庭教育政府投入严重不足的阶段,这种"众筹"和"反哺"的模式很好地推动了家庭教育事业的发展。

客观而言,家校通、校讯通业务在互联网还没有完全普及的情况下,借助手机短信的方式让家校进行联系,对加强家校联系、促进信息沟通等发挥了积极的作用,也在一定程度上促进了家庭教育指导工作的开展。所以,在政策和商业力量的推动下,该模式的线上家长学校在全国快速发展。

与此同时,家长的投诉屡见不鲜。中国教育报指出:校讯通在各地中小学被广泛使用,一直伴随着不少质疑的声音。比如,以学校名义推广校讯通,是否有变相强制收费之嫌;每月收费 10 元,学校是否参与了利益分配。①

社会公众和权威媒体其实不只是质疑学校,与家校通、校讯通紧密相关的线上家长学校,以及面对家长的一线教师也饱受各方质疑。

因为操作层面的原因,为了取得更好的推广效果,第三方公司的运营人员往往会以线上家长学校工作人员的身份进入学校开展推广工作,而线上家长学校多由相关主管部门管理,这样一来,多元主体之间、公益与商业之间原本清晰可辨的界限就变得模糊了。

根据媒体公开报道,一位办理校讯通业务的教师透露,以他所在学校为例,该学校有 1600 多人,已经有 1200 多名学生办理了校讯通,他每个月有 1200 余元的额外收入。另一位办理校讯通业务的教师则称,班主任并没有校讯通方面的实际任务,但是加入校讯通的学生数量会成为考核的一个软性指标,班主任也不是白忙,他们每个月可以得到 30 至 50 元的话费返还。② 很多中小学、幼儿园不管是为了响应上级部门号召,还是基于自身发展考虑,都不可避免地成为直面家长的当事人。这样一来,学校和教师也被裹挟其中。

家校通、校讯通的功过是非自有历史评述,本书不妄加评判。但与其相伴相生的线上家长学校,单单就家庭教育指导的功能而言,效果如何呢?

顾名思义,线上家长学校就是以家长为教学对象、采用线上教学方式的新式学校。虽然线上家长学校与中小学、幼儿园这类正规的学校不能简单等同,但其

---

① 刘楚汉.叫停"校讯通"后更应升级家校沟通[N].中国教育报,2014-10-14.
② 佚名.校讯通、家校通黑幕重重 中小学生沦为利益工具[N].电脑报,2011-09-20.

作为学校,也会具备师资、课程等基本要素。《关于进一步加强家长学校工作的指导意见》中明确要求家长学校要"六有",就是为了防止家长学校有学校之名却无学校之实。

纵观全国各级线上家长学校,其门户网站上的栏目大多比较清晰,但内容来源往往以网络转载文章为主。部分运行较好的线上家长学校会开展各种活动,但总体上比较零散,难以满足家长对家长学校的期待;通过手机短信(彩信)发送相关家庭教育信息,因受技术限制而承载内容有限,注定无法满足家长的需求。

线上家长学校的核心定位是家庭教育指导,理应强调内容(课程)属性。而基于互联网的线上家长学校,在实际操作中,家校联系却成为重点。究其原因,一是因为家庭教育指导课程体系建设需要大量的精力和资金投入;二是因为整个项目的运行依赖于收费,而收费来自于家校联系的服务。在此情形下,线上家长学校呈现出家校联系强、家庭教育指导弱的特点也就不足为奇了。

2014年以后,多地公开发文,明确叫停家校通、校讯通类业务。2016年前后,随着移动互联网的快速发展和智能手机的普遍使用,家校通、校讯通发挥的作用越来越小,而众多免费的优质家庭教育指导内容快速传播,令传统的家庭教育指导活动更加难以满足家长的需要,从而导致"寄生"于家校联系的线上家长学校快速走向衰落。

从互联网时代到移动互联网时代,线上家长学校最终在技术革新洪流的推动下,进入了新的历史阶段。

(三) 3.0阶段:数字化家长学校

数字化家长学校可以理解为2.0版本的线上家长学校的实至名归版,真正做到了有师资、有课程,因为师资和课程是"学校"的基本要素,家长学校也不例外。数字化家长学校通过线上的方式,将优质师资和课程资源进行共建、共享,家长可以通过手机或电脑随时随地进行学习,大大提升了学习效率和学习体验。

2018年,长三角家校合作高峰论坛在上海市静安区举行,《中国教育报》专版报道长三角家校合作经验《长三角家校合作先在哪里》,其中提及:静安区自2017年起引进家长慕课平台,全区53所小学共开通26053个家长账号,共享24小时在线的网络视频家长教育平台;慕课平台针对家庭教育的热点、难点、痛点,说实话、说白话,禁空话、禁套话,深入浅出的内容深受家长欢迎;很多家庭是全家人都在学习,最多的一个家庭达到 6 人,爷爷、奶奶、外公、外婆俨然成为家长慕课的"同学";平台的直播功能也极大拓宽了静安教育大讲堂的受众面,线下和线上结合,在线观众经常达到两三万人,让传统的大讲堂实现了效能倍增。[①]

报道中提及的家长慕课平台就是典型的数字化家长学校。平台提供覆盖整个 K12 的分年级家长学习课程,课程依据《全国家庭教育指导大纲》(修订)和上海、江苏等地的家庭教育指导大纲,通过对知识点的解构和解读,以微视频的形式呈现,方便家长利用碎片化时间学习系统的家庭教育知识。除分年级的课程外,平台还提供专题课程,为家长提供进阶的学习资源。平台每周还会组织一场专家讲座,围绕热点和难点问题,邀请国内知名的专家开办线上讲座并支持回看,充分满足家长多元的学习需求。

因为涉及课程的研发和师资的组建,以及线上学习平台的开发,学校层面往往难以独立完成,一般是把社会机构或者区域教育部门作为开发主体,中小学、幼儿园更多是具体应用。

上述家长慕课平台就是由社会机构开发的数字化家长学校代表。由区域教育部门主导开发的数字化家长学校中,杭州市上城区教育部门主导的"星级家长执照"项目是一个典范。

"星级家长执照"项目依托微信服务号建设,以服务号为主要入口,通过菜单栏链接学习平台,平台内提供模块化课程录播资源(课程资源大多由区内教师统一录制)和线下培训,设置单项学习的分值和线上、线下学习的权重,引导家长自主注册学习,对达到一定分值的家长进行相应等级的执照认证。

"星级家长执照"项目不断与时俱进,学习入口不断多样化,课程资源不断丰富和优化,以满足家长的学习需求。根据媒体报道,"星级家长执照"项目还在浙江省"浙里办"应用软件上线。新平台线上课程资源总数为 1783 门,课程资源按照五个年龄段划分,每个阶段选取家长最为关注的十个问题作为课程研发方向,邀请专家、教师、家长组成课程研发团队,对问题进行解构,并结合解构后的问题有针对性地实施微课开发。另外,每周推出一个家长育儿案例,每月开展一场家

---

① 杨咏梅.长三角家校合作先在哪里[N].中国教育报,2018 - 06 - 14(9).

庭教育直播。[①]

　　这一阶段的家长学校的优点是利用互联网和移动互联网,实现优质课程资源共享,满足家长随时随地学习的需求。但凡事有利有弊,效率至上往往意味着个性不足,每所学校都是不一样的,每个家庭都是不一样的,每个学生都是不一样的,无论是区域教育部门还是社会机构主导的数字化家长学校,在学校层面的个性化程度都存在不足。

　　中小学、幼儿园是家长学校的主要实践者,需要对家长学校的工作成效负责。对于学校来说,效率并不是第一追求,效果才是。效果的前提是个性化,个性化的课程、个性化的指导皆是其必然要求。除此之外,个性化的平台建设也应满足学校工作的需要,区域教育部门和社会机构提供的平台固然很好,但对于基础较好的学校来说,学校品牌的建设同样至关重要。在这一点上,这一阶段的家长学校模式很难满足学校的需求。

　　就是在这种需求的驱使下,上海交通大学附属黄浦实验小学、上海奉贤区江海第一小学、广州大学附属小学等学校主动探索和实践,走出了一条个性化的家长学校发展之路,呈现出高度个性化、线下线上融合等特点。我们把这个新的阶段称为4.0阶段,简称家长学校4.0。

　　关于家长学校4.0,本书将在第五章中进行详细阐述。简而言之,家长学校4.0是指以家长为中心、以学校微信服务号为总入口、以轻量级应用为载体、以个性化课程为核心、以线上线下融合为特点的全方位、全要素、全过程管理的家长一站式学习平台,融合线下家长学校(1.0阶段)和数字化家长学校(3.0阶段)两种形态,同时整合家校活动管理和家校沟通功能,推动家庭教育指导与学校中心工作有机结合,促进家长学校工作良性发展,提升家校合作育人实效。

　　家长学校4.0与其他阶段最大的不同在于其横向拓展的特性,体现出更高的站位、更广的视角和更大的包容性。它不仅使家长学校的维度不断往纵深发展,对不同阶段、多种样态进行融合,还跳出了家长学校的边界,横向整合了家校活动管理和家校沟通功能。它以家长学校的名义,对一切有利于促进家校合作育人的要素进行链接,以边界外的"强需求"带动边界内的"弱需求",使之刚柔并济。因为这个阶段包括的家长学校、家校活动、家校沟通三个要素都包含"家"和

① 李佳萌.更方便! 上城区"星级家长执照"在浙里办全新上线[N].上城报,2022 - 08 - 11.

"校"这两个关键字,我们称之为"数字家校"。同时,因为其区别于 3.0 阶段的同一性的特征,我们又称之为"个性化家长学校"。

随着探索的深入,家长学校 4.0 一校一品、各美其美的风景已经开始呈现,一人一案、精准施教的局面也指日可待。如果进一步展望未来,我们可以断言,4.0 版本并非家长学校的终极目标,随着探索的深入和技术的进步,个性化的程度、资源的质量、学习的方式、学习的载体都可能会发生巨大的变化。一切都是变化的,但基于儿童发展的前提和追求高质量发展的目标不会变。

▶ 第二章

建章立制

『**本章核心内容**』

制度建设是规范管理的指导和依据。本章从组织机构的建立、规章制度的健全、运行机制的完善、评价机制的优化四个维度出发,提纲挈领,明确了家长学校的建设基础。

家长学校制度化是保证家长学校延续性的有效方法,即使学校更换了管理者,也能基本确保制度化后的家长学校延续运营,而不至于因为管理者的改变而中断或淡化家长学校的工作。因此,要从制度化建设出发,推进家长学校发展。

第一节 如何建立家长学校的组织机构

一、家长学校的组织架构

中小学、幼儿园应把家长学校建设纳入学校工作的总体部署,纳入学校的规划、计划和总结,为家长学校设置固定的组织机构及人员名单,以便顺利地开展工作和实现有效协调。家长学校的校长由校长或书记兼任,校长与专业顾问、副校长(分管德育工作的校长)、教师代表、家长代表等共同组成校务管理委员会,负责家长学校的领导工作和日常管理事务。幼儿园家长学校的组织机构可在此基础上简化,由幼儿园领导兼任校长,与负责具体事务的专职人员、家长代表等共同组成校务管理委员会。

校务管理委员会每学期至少召开2次会议,推进家长学校工作。建议在学期初和学期末各召开1次会议,学期初的会议内容主要包括总结上学期的工作、制订本学期的家长学校工作计划等;学期末的会议内容主要包括总结本学期的工作、评估年度工作计划的实施成效、制订下学期的初步计划等。

校务管理委员会下设办公室和教务部门。办公室负责督促检查校务管理委员会决策的实施情况和重要事项的落实情况,负责家长学校的信息和档案管理工作,负责规章制度的建设和完善工作,负责家长学校的后勤保障等工作。教务部门负责教育教学管理,包括教学活动计划的制订、教研活动的有序开展、教师的家庭教育培训等,全面提高家长学校的教学质量和师资水平。此外,为了保障家长学校各项工作的顺利开展,应聘请专职人员或明确专人负责家长学校的日常管理和教育教学工作。

当然,每所家长学校具体的组织架构可以根据实际情况调整,只要能确保家长学校的组织管理工作有序进行、工作机构设立健全、活动顺利规范开展即可。

二、校务管理者的职责分工

家长学校实行校长负责制,校长全面领导家长学校的工作,主持召开校务管理委员会会议,制定家长学校发展的中长期规划。

专业顾问负责给出专业意见,指导家长学校的建设及运行。

副校长(分管德育工作的校长)负责指导办公室和教务部门的日常工作,如家长学校的教学管理、教师研修、学员学习、档案管理、建设评价等工作的总体设计规划;负责家长学校资源引入的把关工作;负责服务社区等联动支持制度的制定等。

教师代表代表教师群体的意愿,负责反映教师对家长学校工作的意见,协助完成相关的教育教学工作。

家长代表代表家长群体的意愿,负责反映家长对家长学校工作的意见,协助完成相关的教育教学工作。

案例:杨浦区控江二村小学的实践

杨浦区控江二村小学成立了家长学校工作领导小组,由校长担任组长,由分管德育工作的副校长担任副组长,全面领导家长学校工作。由德育处、年级组组长、校级家长委员会成员、骨干班主任组成家长学校实施骨干团队,负责落实领导小组制定的目标和任务,充分发挥学校优势,保障家长学校指导工作持续发展。杨浦区控江二村小学家长学校骨干团队架构见图 2-1。

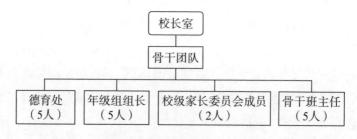

图 2-1　杨浦区控江二村小学家长学校骨干团队架构

案例:上海市奉贤区江海第一小学的实践

上海市奉贤区江海第一小学于 2016 年 10 月启动了"百分爸妈"家长学校创

新实践研究项目,以更新家长的家庭教育理念和增强家长的家庭教育能力为切入口,把家庭教育纳入学校的总体部署,把家长学校作为培养家长的主要阵地,通过推进"百分爸妈"家长学校工作来帮助家长提高认识、明确责任、增强素质。学校建立了由外聘专家、教师核心团队和骨干家长组成的"百分爸妈"家庭教育骨干团队。学校特聘奉贤区"张惠家庭教育工作室"的专家张惠和上海交通大学儿童学能研究训练项目专家葛弘夷作为顾问,具体负责教师指导与培训工作。学校组建了由具有家庭教育指导师资格的校长、教导主任、德育主任以及教育经验丰富的班主任组成的家庭教育核心团队,具体负责校本教材的开发和案例指导。三级家长委员会作为家长学校的骨干力量,分工清楚,职责明确,组织全校的家长积极参与各级各类活动。三支"百分爸妈"队伍充分凝聚了集体的智慧,让人人成为家庭教育者。

案例:广州大学附属小学的实践

广州大学附属小学的家长群体比较特殊,超过 65％ 的家长是高校教师,约 10％ 的家长是公务员、事业单位在职在编职工,约 25％ 的家长是本地村民。总体而言,广州大学附属小学的家长群体学历水平高、学习能力强,对教育有一定的研究,对学校课程有较高的辨识力,对学校教育的要求较高。而有一部分家长缺乏家庭教育理论学习,不了解孩子身心发展规律,需要较为具体的指导。针对这样的家长结构,学校压力较大,必须统一思想才能行动一致。因此,学校从建校伊始就致力于打造"认同、尊重、共育、学习、陪伴、悦纳"的家长文化,引导家长对于学校要认同理念、尊重师生、积极共育;对于家庭要不断学习、有效陪伴、享受过程、悦纳结果。

学校领导高度重视家长学校工作,由校长亲自担任家长学校工作领导小组组长,由分管德育工作的副校长担任副组长,由德育处主任、副主任、各年级级长和班主任组成家长学校工作组成员。学校每年都组织成立新一届的家长委员会,班级、年级、校级家长委员会层层递进,齐心协力,明确分工。家长学校工作领导小组与校级家长委员会每学期初召开家长学校工作会议,讨论学期工作计划,拟定活动安排,初步确定家长培训专题内容,由年级、班级家长委员会与学校配合实施完成。近年来,广州大学附属小学的家长学校不断完善工作内容,逐步建立健全了各项规章制度,包括《广州大学附属小学家长学校工作章程》《广州大学附属小学家长学校制度》《广州大学附属小学家长委员会工作制度》等,使家长学校工作落到实处。学校积极发挥家长的能动性,使其既参与学校管理又主动学习,提高了家长对学校办学理念的认同和支持,逐年优化了家校共育的效果。

案例:上海交通大学附属黄浦实验小学的实践

上海交通大学附属黄浦实验小学成立了家庭教育领导小组和家庭教育社区协调小组,创建了家庭教育项目组、"三心"家长工作坊、童心教师工作坊。三者共同构成了学校家庭教育指导管理与实施"核心圈",发挥着促进教师与家长协同共育、共同发展的"铁三角"枢纽作用。

上海交通大学附属黄浦实验小学聘请专家组成专家讲师团,不定期来校进行现场指导。专家从理论上进行阐述,在具体操作上进行指导,全面分析家庭教育中的共性与个性问题,把学校教育与家庭教育联系起来剖析,使教师和家长都受益匪浅。

上海交通大学附属黄浦实验小学还聘请优秀的学生家长组成"心与心家长讲师团",面向全校家长和学生开设一系列课程。该校还依托"三心"家长工作坊发挥家长群体自我教育的作用。

第二节　如何健全家长学校的规章制度

家长学校建立后,必须有健全的规章制度作为其运行保障,因此,必须重视家长学校的规章制度建设。这也是目前大多数家长学校工作较为薄弱的地方。当前,很多家长学校缺乏具体的实施细则,在开展工作过程中缺少明确的指引,充满了随意性和零散性。

家长学校的管理制度包括但不限于家长学校的教学管理制度、教师研修和培训制度、学员管理制度、学员反馈制度、档案管理制度、优秀学员评比制度、对教师和学员的激励制度,以及资源引入、服务社区等联动支持制度。以下重点介绍其中几种管理制度。

一、教学管理制度

教学管理制度是家长学校管理制度的重要组成部分,也是家长学校教学规范化管理的必然要求。建立健全家长学校的教学管理制度,有助于创设良好的教学环境、形成良好的教学秩序,使教师、家长、社区工作者等都能以家庭教育指导的课程建设和实施为中心,全身心地投入相应工作,致力于营造家、校、社协同育人的氛围和环境。具体来看,教学管理制度可包含以下重点内容。

1. 教务部门负责制订教学工作计划,编制课程表,安排开展教学工作的教师,组织开展教学工作,安排教学时间。

2. 教学内容要规范,依据国家及省、市、区的家庭教育指导大纲,以问题和需求为导向,科学设计教学内容,针对不同年级、不同家庭和关键时段家庭教育指导重点与难点,建立基础课程、专题课程和个性化课程。

3. 家长学校的教师主要为外聘的家庭教育专家、校领导、学校里有家庭教育指导能力的教师,以及富有家庭教育经验的家长。

4. 家长学校的教学活动主要包括专家讲座、家长沙龙/读书分享会、家访、个案咨询、校园开放日/亲子活动等。开展教学活动时,家长学校要根据需要灵活选取恰当的活动形式。

5. 注重家庭教育指导方面的校本课程开发,校本课程开发前应组织调研活动,了解本校学生家长和教师的实际需求,根据实际需求有针对性地开发校本课程。

6. 注重家庭教育指导相关学习材料的编制,根据学生家长的实际需要,遵循正确的家庭教育理念,编制具有科学性、可操作性和时代性的学习材料供家长学习。

7. 教师要按教学计划完成教学任务,做到课前备课和课后总结反思。

二、教师研修和培训制度

实际上,本校教师最了解本校学生和家长的情况,但是通常又较为缺乏家庭教育指导的相关知识和能力,因此,家长学校要想高质量办学,真正给家长提供帮助,有必要面向本校教师开展家庭教育指导专题培训,并且要把这项工作常态化,不断提升本校教师的家庭教育指导能力。这样一来,既能便于教师指导家长解决在家庭教育过程中遇到的难题,帮助家长树立正确的家庭教育观念,也有助于培养家长学校的专业教师,加强家长学校的师资队伍建设。教师研修和培训制度可包含以下重点内容。

1. 为了提升家长学校的师资水平,增强全校教师的家庭教育指导能力,促进学生身心健康成长,每学期至少开展 1 次面向全体教师的家庭教育指导专题培训。家长学校核心团队每学期至少开展 2 次集体备课或研修活动。

2. 家长学校教务处负责根据教师队伍建设的实际需要,制订教师培训计划,落实培训的组织实施,建立评估考核机制和教师培训档案,家长学校办公室给予积极配合和支持。

3. 教师培训的形式根据参与教师的人数和需求确定。家长学校要灵活选择邀请校内外专家开办讲座或进行集体授课、组织骨干教师外出参观学习与培训、采购专业系统的线上培训课程、举办线上或线下沙龙等方式对教师进行培训。

4. 教师有责任积极参与家长学校组织的培训活动,认真学习,做好笔记,不得无故缺席或迟到、早退。

5. 家长学校要设置教师培训档案,对教师的培训参与情况进行记录,并定期对教师进行考核,表彰、奖励先进个人。

6. 家长学校应鼓励教师在不影响正常教学的情况下主动参与校外的相关培训,教师自费参与校外的家庭教育指导培训可以记入培训档案。

三、学员管理制度

学员管理制度是家长学校的家庭教育指导工作取得成效的重要保障。在家长学校开展科学和实用的教学活动的前提下,家长的学习投入程度和配合力度对家长学校教学目标的实现有着重要影响。因此,家长学校应在家长加入家长学校时就向他们宣传学员管理制度,以确保后续教学活动的有效开展。但有一点需要注意,很多家长本身有着比较繁重的工作和生活事务,空闲时间有限,家长学校的活动应尽量坚持自愿原则,不要强制每位家长都要参加,否则很难得到家长的长期支持。学员管理制度可包含以下重点内容。

1. 家长学校每学期根据教学计划和家长实际需求开展家庭教育指导活动,鼓励每位家长积极参与家庭教育指导活动,学习科学先进的家庭教育知识和方法,提升家庭教育能力,营造良好的家庭氛围,帮助孩子健康成长。

2. 家长参与学习活动时不可迟到、早退，不得随意旷课，有特殊情况时需要提前请假。

3. 家长参与学习活动时要认真听课，遵守课堂纪律，不得在未经允许的情况下相互讨论、交流，影响正常教学秩序。

4. 家长进入校园，不得吸烟，不得随地吐痰，不得高声喧哗，不得乱扔果皮纸屑。家长要爱护校内公物，不得损坏校内物品。

5. 家长在参与活动时要尊重教师和活动组织者，当与教师产生意见分歧时，要积极主动地与教师沟通、探讨。

6. 家长要主动学习家长学校提供的学习材料，不断丰富自己的家庭养育知识，更新教育理念，认真完成家长学校布置的学习任务。

四、学员反馈制度

家长学校的成功运行不仅需要管理者在制订计划、实施教学活动时提高效率和质量，还需要管理者在活动的前期、中期、后期及时听取学员的意见和建议，以真诚为学员服务的态度来开办家长学校。为了及时、广泛地收集学员的反馈信息，家长学校应将学员反馈制度化，将其当作一项重要的事项来对待和完成。学员反馈制度可包含以下重点内容。

1. 教务处负责收集学员的反馈信息，及时听取学员的意见和建议，以提高家长学校的教学水平，实现教育目标。

2. 每次教学活动结束后，教务处要及时通过问卷调查、访谈、座谈等方式，邀请参与活动的学员进行反馈和评价。

3. 教务处要重点收集学员对教学方法、教学内容、执教态度、教学水平等的反馈信息，以便为今后的教学活动改进和家长学校建设提供有价值的参考资料。

4. 每学年结束后，教务处要对家长学校的所有学员进行满意度调查，收集学员对家长学校该学年工作的评价意见，形成调查报告，整理存档。

5. 家长学校每学年要举行一次学员反馈总结会，安排相关的管理和教学人员参会，听取不同人员对各类教学活动的综合评价和反馈意见，及时发现问题，总结经验。

6. 家长学校要鼓励家长主动反馈意见和建议，教务处负责设置专用渠道和安排专职人员收集学员的反馈信息，并定期将学员反馈信息整理存档。

五、学员表彰制度

定期开展学员表彰活动,可以总结先进经验,在家长群体中形成示范带动效应,鼓励更多家长参与到家长学校的学习中来,扩大家长学校的影响覆盖范围,让更多家庭受益。建议家长学校每学年至少举办一次优秀学员表彰活动,优秀学员可以通过统一的评比选拔出来,评比规则的设置需要公平公正、有说服力。学员表彰制度可包含以下重点内容。

1. 优秀学员要支持并积极参与家长学校的活动,参与率高,上课认真,勤记笔记,遵守课堂纪律,尊敬授课教师,参与活动时未出现迟到、早退、缺席现象。

2. 优秀学员在教育孩子的过程中要与学校密切配合,主动与教师沟通孩子的在校情况,使孩子在学校的各方面表现有明显的进步。

3. 优秀学员要有正确的家庭教育理念,掌握一定的家庭教育科学知识和方法,积极向其他家长分享自己的教育经验。

4. 优秀学员要经常与孩子开展平等的交流沟通,营造较为良好的家庭氛围,注重言传身教。

5. 优秀学员要关心家长学校的建设,经常为家长学校的工作建言献策,提出合理的意见和建议。

6. 家长学校每学年评选一次优秀学员,对被评为优秀学员的家长颁发证书及一定的奖品,并通过学校网站、学校公众号等渠道进行宣传。

第三节　如何完善家长学校的运行机制

家长学校不仅要建立健全各项规章制度,还应制定和完善工作机制、宣传机制、保障机制等,以推动家庭教育指导工作顺利开展。

一、工作计划

凡事预则立,不预则废。事先制订计划,就相当于提前明确了家长学校工作的方向和方式方法,能让家长学校的建设更有规划性,也能保证各项工作按照进度推进,各部门有效运转,提升家长学校的办学效率和质量。《上海市中小学幼儿园家长学校建设标准(试行)》中指出,应该将家长学校建设纳入学校工作总体部署,纳入学校规划、计划和总结中。同时,家长学校还需要制定专门的中长期规划,制订年度工作计划,指导家长学校的具体建设工作。制订好工作计划后,还应该保障其得到贯彻执行,因为工作计划本身只是一个指南和框架,只有把工作落实到位,才能确保家长学校的建设遵循规划的方向,落到实处。

具体来说,家长学校的工作计划应包含指导思想、工作目标、主要措施、条件保障等内容。以下是家长学校工作计划的示例。

示例:

×××家长学校工作计划

一、指导思想

深入贯彻党和国家有关家庭教育的指导精神,落实《中华人民共和国家庭教育促进法》,进一步加强我校家长学校建设工作,为学生家长提供优质、实用的家庭教育指导服务,提高学生家长家庭教育能力,促进学生全面健康成长。

二、工作目标

落实国家和省、市、区关于家庭教育工作的部署与要求,通过本年度家长学校的建设和开办,转变家长的家庭教育观念,增加家长的科学教养知识和方法,提高家庭教育质量,帮助家长解决在教育孩子的过程中遇到的困难,充分发挥家庭教育在孩子成长过程中的重要作用。加强家庭教育指导师资队伍建设,提升教师家庭教育指导能力和水平,努力构建以学校教育为主体、以家庭教育为基础、以社会教育为依托的家、校、社协同育人机制,促进孩子全面健康成长。

三、主要措施

(一)加强组织领导

健全组织机构,成立校务管理委员会、办公室、教务处等部门。校务管理委员会每学期召开两至三次会议,研究家庭教育、学校教育和社会教育方面的最新要求,商讨家长学校建设的方案和措施,领导家长学校的办学。聘请家庭教育领域的专家顾问和专职人员加入教育教学队伍,参与家长学校的日常管理。

（二）健全规章制度

健全家长学校的各项规章制度，推进家长学校的制度化运行。健全《教学管理制度》，规范教学内容、教学形式、教学师资等事项；健全《教师研修及培训制度》，每学期至少开展一次面向全体教师的家庭教育指导专题培训，增强全校教师的家庭教育指导能力；健全《学员管理制度》，规范家长学校学员管理，提高学员学习效率，保障教学秩序；健全《学员反馈制度》，及时、广泛地了解学员的意见和建议，为家长学校建设和教学活动改进收集有价值的参考资料；健全《优秀学员表彰制度》，定期对学员开展表彰活动，总结和推广经验，提升学员学习的积极性和主动性。

（三）加强师资队伍建设

定期组织家长学校教师开展集体备课或研修活动，每学期至少开展两次；采用邀请校内外专家举办讲座、组织骨干教师外出参观学习与培训、采购专业系统的线上培训课程、举行线上或线下沙龙等多种方式对教师进行家庭教育指导专题培训，提升教师家庭教育指导能力；组织教师开展家庭教育研究，撰写有关论文；购买家庭教育指导相关书籍，充实图书资源。

（四）丰富教学活动

根据孩子特点、家长需求灵活选择教学活动和教学形式，坚持线上、线下相结合，通过集体授课、个案咨询、学员分享、小组沙龙等多种形式为家长提供科学优质的家庭教育指导服务。充分发挥优秀家长的示范作用，聘请具有丰富家庭教育经验和科学知识的家长与其他学员分享经验。充分利用网络教学手段和多媒体辅助教学，为家长提供优质的家庭教育课程和讲座，打破时空限制，提升家长学习效率和活动参与率。

四、条件保障

一是设立专项资金。合理运用学校设立的家长学校专项经费，保障专款专用，确保工作顺利开展。

二是固定办公场所。选取校内合适且空闲的场所作为家长学校的固定办公场地，配备硬件设施。

三是安排专职人员。聘请专职人员负责家长学校建设的具体事务，确保各项工作能按时执行，落实到位。

二、工作会议

工作会议可以广泛征集各岗位工作人员的意见,确保信息的全面性和科学性,同时可以确保家长学校建设的规划和任务得到及时落实,因此需要建立家长学校的工作会议制度,定期举行会议,总结工作,推进计划。

家长学校的校务管理委员会、办公室、教务处都应该建立工作会议制度。校务管理委员会每学期至少召开两次会议,对家长学校的建设工作进行总结和展望,会议由校长主持,办公室负责召集参会人员并做好会议的筹备工作,特殊情况也可以召开临时会议。办公室和教务处根据工作安排举行例会,建议一个月至少召开一次,讨论工作的进度和遇到的困难,推动工作顺利开展。每次工作会议应该安排专人负责会议记录工作,会后形成会议纪要,并做好资料的收集归档工作。

三、宣传机制

学生的全面健康发展离不开家、校、社的协同支持,家长学校的广泛宣传能对构建家、校、社协同育人的教育生态形成正面影响。宣传家长学校还能吸引更多家长参与到家庭教育活动中来,形成良好的教育氛围,为孩子的健康成长营造良好的家庭教育环境。此外,家长学校工作宣传可以提升学校的知名度和家长的满意度。因此,家长学校应该将宣传工作提到一定高度,利用线上线下相结合、校内校外齐献力的方式来做好宣传工作。常见的家长学校宣传途径有以下几种。

一是利用校内宣传平台,如学校门户网站(校园网、微信公众号等)、校园宣传栏、电子显示屏等,特别是要利用好学校的微信公众号。家长学校每次举办教学活动后都可以形成推文,采用图片和文字相结合的方式,使用活泼轻快的语言对活动进行总结和介绍,吸引家长参与更多的活动。另外,可以利用微信公众号定期向家长推送科学的家庭教育知识和常见家教问题的解决方法,从专业化和权威化的视角为家长提供日常的家庭教育指导服务,让家长逐渐增加家庭教育知识,树立正确的家庭教育理念。家长学校的表彰信息也可以通过微信公众号来发布,借助家长微信朋友圈,在家长之间获得较高的知晓度和发挥示范效应。

二是利用校外宣传平台,如各班级组建的家长微信群或 QQ 群。家长学校每次举办教学活动的宣传新闻稿、家庭教育知识推文、表彰信息等,都可以请班主任转发到各班级家长群内,覆盖全部学生家长。家长学校应该积极争取校外媒体来采访和进行正面宣传,扩大家长学校的影响力和知名度。

三是家长自发宣传。家长是第三方,来自家长的主动宣传是最有说服力的,也是最能打动他人的。这就需要家长学校真正站在家长的角度考虑他们的真实需求,以平等的姿态来为家长提供家庭教育服务和指导。一旦家长学校的工作真正得到家长的认可,家长对学校教学工作的配合程度和家长学校的主动宣传力度都会有效提升,这有助于良好教育生态的较快形成。

四、保障机制

以上海市为例,根据《上海市中小学幼儿园家长学校建设标准(试行)》,保障机制主要涉及三方面:(1)家长学校一般要有名称、有挂牌标识;(2)管理人员、外聘教师等有相对固定的办公场所;(3)家长学校硬件配置、师资队伍建设、课程开发和研究等工作经费纳入学校年度预算,保障工作开展。

案例:上海市第二师范学校附属小学的实践

为保障家庭教育的各项工作有序开展,上海市第二师范学校附属小学专门把七楼作为"家长工作坊"的固定办公场所,把二楼的乐乐茶文化馆、四楼的圆梦剧场作为家长学校的培训场所。

学校每年至少投入 3 万元经费用于家庭教育工作,安排设施配备、教学资料、教师培训、外出学习交流活动、专家指导等经费,并开展系列亲子活动等。专项经费的保障,使学校家庭教育工作有了坚强的后盾,得以稳步开展。

学校还与合作单位多方联动,充实家庭教育指导队伍,如聘请家庭教育领域的专家及有经验的家长开办专题讲座。根据教学计划,认真组织实施,有教材、有主题、有内容地扎实推进家庭教育指导工作。

案例:广州大学附属小学的实践

广州大学附属小学从场地、经费、专家引领三方面入手,为家长学校的建设保驾护航。

1. 场地:学校保障家长学校场地使用,把最大的阶梯教室挂牌为"广州大学附属小学家长学校",可以容纳一个年级的家长开展线下课程活动。另外配备了一间可容纳50人左右的大会议室作为家长委员会的工作室,作为家长委员会召开会议、商议学校重大事务的主要场所。还有两间"教师书吧",也可以用来组织小型家校沟通活动。

2. 经费:家长学校经费由德育处统筹预算,把师资队伍培训费用、课程购买费用、专家聘请费用、家庭教育指导用书编写费用等纳入学校年度预算,保障家长学校工作顺利开展。

3. 专家引领:校长林朝霞非常重视家长学校工作,亲自抓家长学校建设,从建章立制到具体规划实施都亲力督办。林朝霞热衷于家庭教育研究,在家庭教育领域有一定理论功底并有丰富的实践经验,是广州市番禺区家庭教育名师工作室主持人。学校还聘请广州大学教育学院副院长张豹教授、教育学系党支部书记曾小军教授等作为工作室的指导专家,使工作室对家庭教育的研究和指导更具专业性。

第四节 如何优化家长学校的评价机制

家长学校是普及家庭教育知识、改进家庭教育方法的重要场所。在建设与运营的过程中,家长学校只有不断进行评价总结,才能发挥积极正向的导向与调节作用。家长学校可以根据反馈的信息检视教与学的情况,判断家校活动是否偏离轨道、是否偏离教育方针和教学目标,从而适时调整教学行为,保证家庭教育指导工作的顺利推进。

一、家长学习成效评价

家长学校的根本目的是提升家长的家庭教育胜任力,对家长学校办学成效的评价,关键是看家长的参与情况、家长的学习效果、家长参与后的获得感,尤其是家长能否学以致用。家长转变了家庭教育观念、改进了家庭教育方法是家长学校建设取得成效的重要标志。

（一）参与学习的过程反馈

相较结果反馈，过程反馈的优势在于可以及时调整相关做法。《上海市中小学幼儿园家长学校建设标准（试行）》在效果评价维度中指出，每次教学实施后要进行家长满意度调查，及时调整优化课程内容和教学方式；以学员学习档案为抓手，探索家长学校学分制，每学年对优秀家庭及时进行宣传。家长学校要认真分析家长在参与学习过程中的差异，才能有针对性地促使家长总结经验、纠正不足。

目前，大部分家长学校通过签到、问卷调查等了解家长的参与情况和学习反馈相关信息，但后期的汇总和整理工作量较大，无法实现有效的学情归档，追踪不到家长的实践情况。

利用信息化技术可以实现家长学情的实时反馈。一是家长学情的前端量化。经过信息化建设后，家长学校可以对家长所有的学习活动（包括观看直播的场次与时间、网络课程的学习情况、家校活动的参与等）进行数据记录。家长学校不仅可以让家长查看积分汇总情况，还可以设置排行榜，让家长相互激励。

案例：上海市实验学校西校积极探索以学分制为特色的管理评价机制

为更好地调动家长的学习热情，提升家长的学习参与度和有效性，上海市实验学校西校不断探索、创新家长学校的课程管理和学习评价模式。

（1）针对定时、定内容的课程，依托各年级、各班家长委员会，通过家长签到、接龙等方式进行学习管理。

（2）针对线上课程，采用学分制管理方式。每学年必修课的学习应达到20个学分，选修课的学习应达到5个学分，合计达到25个学分为合格，四年应达到100学分。对于达到100学分的家长，学校为其颁发合格家长毕业证。争做一百分家长是学校对家长的基本要求。每学年除了评选合格家长，学校也会择优评选20%的家长进入"优秀家长"系列。在"优秀家长"系列中，校方会针对给予学校大力支持的家长进行"智慧家长"的评选与表彰。

（3）对于家长在学习过程中的感受、反思，学校积极利用公众号、信息网等平台进行发布。学校课程建设的信息、家长学习的反馈都在这里汇集。学校形成了家校共育的良好氛围。

二是学习数据的后台查询。根据设置，支持校级、年级、班级、家长个体分层级查看数据；支持分模块查看直播人数、视频课程学习时长等数据，线下讲座同时支持线上签到，实时数据互通是实现线上线下融合的关键举措；支持按时间周期查看学年整体报告、学期汇报、数据周报等信息，家长还可以进入相关板块，生成相关文件，进行下载或打印。

（二）家庭教育的效果改善

家庭教育是终身教育，我们无法定义家长学习的最终结果，但我们可以对家长进行阶段性评价。在某一时间段内，家长学到了什么、做了什么、有哪些转变、产生了怎样的效果等，都可以在沟通与反馈中得以体现。

1. 家庭教育观念转变

就家长而言，提高家庭教育的意识和素养，树立正确的家庭教育观念是首要任务。家长应了解孩子的基本权利，尊重孩子的个性；增强家庭教育责任感，注重亲子陪伴；重新定位父母与孩子的关系，从教育关系转变为共同学习的关系；明确家庭教育的主要任务，从"唯分数论"转变为立德树人、全面发展……家长只有优化和升级教育理念，才能实现科学育儿。

2. 家庭教育方法改进

每个家庭各不相同，也没有人生来就会当父母，通过家长学校的学习，家长应学会采用正确的思维、方法、行为引导孩子养成良好的品行及习惯。家长应时常从以下几方面反思自身：是否强调完美主义，过分批评、指责孩子，忽视了关怀与鼓励？能否以身作则，通过言传身教影响孩子？是否经常打断孩子陈述，无视他们的心理诉求？是否会把"别人家的孩子"挂在嘴边，在比较中刺痛孩子？理念与方法是道与术的关系，家长正确的引导对于孩子的成长至关重要。

3. 亲子关系变得和谐

孩子的健康成长离不开和睦的家庭，离不开良好的亲子关系。父母和孩子之间的情感共鸣，是一种强大的教育力量，直接影响孩子的情绪、态度，甚至决定孩子的行为。家长应学会尊重孩子，倾听孩子的需求，学会站在孩子的角度理解他们，营造良好的家庭氛围；适度放手，放慢节奏，引导和支持孩子，增强孩子的心理能量；积极开展亲子活动，增进与孩子的情感交流，激发孩子的内在潜能……和谐亲子关系的建立，需要家长在长期的实践与行动中付出爱心和耐心。

4. 家校合作更加紧密

在孩子成长的过程中，学校教育、家庭教育都非常重要，家庭和学校必须在观念和行为上保持一致,相互补充、相互协调、共同促进,形成教育合力。除了常规的线下沟通方式,线上家长会、线上分享研讨、线上家访等线上沟通方式进一步密切了家校沟通,使家长与教师形成了一种平等尊重、携手共进、互惠双赢、协同一体的新型局面。

家长长期坚持参与家长学校的学习,一定会有所收获。对家长的评价不应仅仅局限于与教师的沟通交流,从家长自身的经验总结与分享中同样可以看出家长的学习成效。家长学校应重点关注孩子的反馈,因为家庭教育指导工作旨在通过提升家长的家庭教育素养来促进孩子的发展。

二、教师参与成效评价

从教与学的关系来看,评价家长学校的成效不仅要看家长"学得怎么样",还要看指导人员"教得如何"。《上海市中小学幼儿园家长学校建设标准(试行)》在"队伍结构"维度中指出,建成以学校教师和法律、心理学、社会学、家庭教育、德育、公共安全等领域专业人士共同参与,专兼职相结合,稳定的家长学校师资队伍。家庭和学校有着共同的教育责任与目标,都是为了让孩子成人、成才。共同的育人目标,使家长与教师在教育孩子过程中可以发挥合作互补、相互支持和配合的双向互动优势。教师在做好学校教育工作的同时,应重视对家庭教育的指导与服务,帮助家长提高家庭教育素质和效果,这也是家长学校工作成效的具体体现。

(一)教师家庭教育指导工作的参与

目前,家长学校的大部分课程主要由校外专家完成。校外专家对校情、学情、家庭差异、家长需求等情况不够熟悉,往往只能够做到"面"上的普及,很难实现"点"上的突破。因此,学校家庭教育指导工作的开展应以教师为主导,教师指导服务的有效性成为评价家长学校办学成效的关键。

1. 明确家校共育的重要性

家长的教育行为受自身成长背景的影响,在教育孩子的过程当中,纠正家庭教育中的错误做法,是学校教育应承担的责任。而学生在校的学习表现、人际关系、思想品质、个性发展等,教师也是最了解的:家庭教育好的孩子,在校表现往往也不错;家庭教育不当,则有可能会造成孩子在校表现不佳。教师作为联系学校教育与家庭教育的桥梁,要注重家庭教育指导工作,明确家校共育的重要性。

家庭教育靠的是家长在自身成长中获取的经验,家长在成为家长前并没有经过专业的培训,如果家庭教育不完善,就会让孩子的成长有缺陷。为了做好教育工作,教师需要在家庭教育出现偏差时给予正确的引导,秉持着"换位意识"去思考问题、分析问题、解决问题。这样才能使家庭和学校统一步调、密切配合,具有相同的教育观,形成合力,真正发挥家校共育的作用,取得最佳的教育效果。

2. 参与指导工作

教师接受过教育学、心理学等方面的专业学习和培训,在长期与孩子接触的过程中,更了解孩子的身心发展特点,掌握了更多的科学教育方法,能更好地按照教育规律科学开展育人工作,所以,教师参与家庭教育指导工作具有十分重要的意义。

教师要转变传统家长会中"汇报学生学习情况、让家长反馈学生在家表现"的做法,增加家庭教育的宣传普及内容,让家长认识到家庭教育对孩子的重要影响,明确自身的责任。如在"双减"背景下,家长对孩子的教育出现了两种极端现象,一种是抓得更严了;另一种则是放弃不管了。这其实都是错误的。教师有必要对家庭教育进行科学的指导,让家长意识到不能只重视孩子的学习成绩,还要关注孩子内心的想法以及兴趣爱好,并对其潜力进行开发,促使孩子在学习期间感受到知识的魅力,同时真切地感受到来自家长的爱。这些都会在无形中提升孩子的学习热情,使孩子对知识产生探索欲望。

教师可以组织小型家长讲座或家长沙龙,把面临相同家庭教育问题的家长集中起来或者进行线上会议,通过分享与讨论让家长及时发现自己在家庭教育中存在的问题,有针对性地改变家庭教育方法,改善孩子的成长环境。教师还可以邀请一些教子有方或在家庭教育方面经验丰富的学生家长,向其他学生家长交流介绍家庭教育方面的方法、观念和成果,以良好的案例促进家长解决家庭教育中存在的问题,指导家长正确认识与理解自己的孩子,也正确地对待与化解亲子之间的矛盾,最终提高家庭教育的质量与效果。

3. 密切家校沟通

家长需要在了解孩子的实际情况后,才能采取有针对性的策略,促进孩子的健康成长。教师平时与孩子接触较多,通过日常的班级管理、教学工作能够及时了解孩子的发展动向,掌握孩子的不同想法,这就为家长的教育工作提供了明确的方向。因此,教师(尤其是班主任)必须加强与家长的沟通联系,及时反馈孩子在校情况,帮助家长了解孩子的性格变化和学习状态,进而更好地开展家庭教育工作。

教师要通过多种渠道加强家校沟通。在开展家庭教育指导工作时,教师可以充分利用互联网交流平台,更快地帮助家长解决教育问题。电话沟通、微信沟通等打破了时空的限制,拉近了教师与家长、家长与家长之间的关系,学校教育与家庭教育形成了有效衔接。通过网络交流平台,家长可以及时反馈家庭出现的教育难题,教师可以更加便捷地引导家长解决问题,使家庭教育更加科学合理。

另外,在家庭教育指导过程中,教师发挥着引领作用,在与家长沟通时要讲究技巧,懂得沟通的艺术。家长的受教育程度和教育观念不同,教师如果不注重沟通的艺术,就很难取得较好的沟通效果。针对不同类型的家庭,教师要采用不同的语言组织方式,真实、有效、客观地反馈孩子的在校表现。教师要与家长共同商讨如何去解决问题,而不只是提出问题。

案例:上海市崇明区实验小学的实践

通过多年的探索与实践,上海市崇明区实验小学家长学校工作取得了丰硕的成果,逐渐成为学校德育工作的一大特色。

一是形成了可复制、可推广的亲子活动课程。在每项亲子活动开展前,课题组在集思广益、智慧碰撞的过程中能很好地形成富有创意的活动框架,经课题组负责人把活动框架细化后能形成操作性较强的活动方案。同时,每次活动的配套素材也都经过了精心准备,项目子活动的活动方案、活动指导手册、推荐性资料等均经过课题组共同商议,并在听取多方意见后进行改进,所以实用性、可复制性强。

二是家长对学校办学理念的认同度提升。回想第一份调查问卷下发后,回收情况并不理想,班主任指出:"家长觉得没有时间陪孩子;应以孩子学习为重,没有必要浪费时间开展这些活动。"面对诸多疑虑,学校通过实实在在的活动给出了答案,最终使家长从不理解到积极配合,从观望到主动给出建议,从疑虑到主动参与志愿服务。家长从不同视角理解了学校的育人理念,看到了学校的育人成效,在高度支持学校办学理念的基础上充分认识到了家庭教育的重要性。

三是家长对孩子内心世界的知晓度提升。以前,教师常常听到这样的描述:

我家孩子不好好读书,不知道在瞎玩什么;我家孩子得肥胖症了,该怎么办;我家孩子回家不是先做作业,而是喜欢唱些我听不懂的歌;我家孩子总喜欢拆东西,弄坏了家里不少东西……这些话语中常常夹杂着抱怨的情绪。随着活动不断深入,家长的行为发生了质的变化,他们主动走进孩子的世界,尝试去读懂孩子。如一个读四年级的孩子在参加完"亲子科普我行我秀"活动后,激动地对父亲说:"爸爸,你太棒了,没想到你的动手能力这么强,今天要不是有你在,我一个人很难完成闯关任务。"原来,这是一位非常严厉的父亲,平时不苟言笑,所以孩子与父亲很少有交流,更别说共同完成一个任务了。有了这次活动体验,父亲也进行了反思,感悟到自己的教育方法有不妥之处,并主动带领孩子进行实验项目的探索。这样的案例还有很多,作为活动策划者,教师发现:当人与人之间能达成一致目标,并为之共同努力时,即使困难重重,内心也是快乐并充满力量的。

四是教师与家长的合作不断深入。为了全方位地践行学校的办学理念,使每位教师都成为理念的传播者和实践者,学校要求教师配合完成六大项目的调查工作。教师从埋头苦干的状态中慢慢抬起头,从最初的厌烦最终转变为快乐分享。家长与教师的话题增多了,教育中的愉悦情绪增强了,大家通力合作,为实现孩子健康生活、快乐学习的目标而努力。

五是学生有了令人欣喜的变化。学校"阳光少年"系列评选活动自 2012 年 9 月实施以来,深受孩子的喜爱。在"自动向上"的氛围中,在有趣的、系列化的争章活动中,孩子向着"爱美德、勤学习、乐活动"的目标快乐奋进。项目开展至今,学校已评选出金色阳光好少年 182 人、红色阳光小模范 1629 人、绿色阳光小标兵 3670 人。从 2015 学年开始,学校增设了单项评比,共评选出最美少年 98 人、智慧少年 198 人、活力少年 18 人。毕业季,学校在倾听了孩子的想法后,特制"金色阳光好少年"荣誉勋章,激励孩子勇敢飞翔。

(二)教师家庭教育指导素养的提升

教师是家长学校的重要参与者,打造一支高质量的师资队伍是提高家庭教育指导质量的客观要求。教师运用专业能力在教育理论、教育内容、教育策略等方面进行指导,帮助家长解决育儿过程中遇到的实际问题,也是衡量家长学校办学实效的重要标准。

1. 家庭教育指导专业培训

家庭教育指导工作是提升家长教育水平、教育能力的一种途径,可以带给家长科学的家庭教育理念和方法。这对教师的专业指导能力要求非常高,需要教师在实践中总结经验。

当前,有关教师家庭教育指导工作的政策文件众多,如《上海市中小学幼儿园家长学校建设标准(试行)》在"队伍研修"维度中明确指出,将家庭教育指导专题培训纳入师资培训内容,每学期至少开展1次面向全体教师的家庭教育指导培训。

根据实际情况,学校可以采用"请进来,送出去"的模式来提升教师队伍建设水平。"请进来"方面,学校除了邀请家庭教育方面的专家给教师开办讲座外,还可以有针对性地开展教师培训,提高教师家庭教育指导能力。另外,学校可以把教师分批"送出去",让教师通过专业系统的学习,掌握家庭教育指导的专业理论,以便更好地开展实践指导工作。

2. 家庭教育指导研修

《上海市中小学幼儿园家长学校建设标准(试行)》指出,家长学校核心团队每学期至少开展2次集体备课或研修活动。教师可以多阅读一些家庭教育指导方面的书籍,通过自学提升家庭教育指导能力;也可以参与一些家庭教育指导方面的交流会、研讨会,虚心向有经验的教师请教,掌握更多的家庭教育指导知识,这样在开展指导工作时才会比较顺利,不会没有内容可讲,没有方法可提。教师只有不断提高家庭教育指导水平,才能切实、有针对性地开展家庭教育指导工作,提高家长学校的办学效果。

3. 家庭教育课题研究

家庭教育既有共性问题,又有个性问题。在家庭教育指导过程中,遇到鲜明、有代表性的案例,可以此为载体进行研究,从中得出一般的经验,并对其他家庭进行家庭教育指导。对于一些比较棘手的家庭教育案例,可以形成档案,组织专项课题研究,让更多的教师参与到家庭教育的研究中来,进而提升全体教师家庭教育指导能力。理论研究与教学实践同步推进,相互借鉴经验,避免出现仅靠自身经验去解决问题的情况。在家长学校的实践中发现问题、总结经验,采取更为科学有效的方法去指导家长,以课题研究促进教学实施,才能让家庭教育指导工作更加切实可行,让家庭教育产生效果。

案例:上海市第二师范学校附属小学的实践

随着家庭教育指导工作的不断深入,上海市第二师范学校附属小学的很多教师积极研究,大胆实践,撰写了家庭教育指导案例、论文,在市、区乃至全国获奖。例如,《监控小探头,家庭大问题》获中国好老师教育案例二等奖;《"空中菜园"架起家校联动的桥梁》获第四届长三角家校合作论文二等奖;"利用班级日志促进和谐管理的实践研究""小学主题式教育促进班级文化建设的研究""基于核心素养培育的小学生行为养成行动研究""倡导绿色健康生活方式,加强儿童意志力培养的研究""依托'家长工作坊'促进家校和谐管理的实践与研究"等课题获市、区等第奖,其中,"'茶+'综合课程中家、校、社合力育人的实践与研究"被评为上海市家庭教育研究优秀课题。2021年,"'茶+'综合课程中家、校、社合力培养学生积极心态的实践研究——以'茶与远方'为例"被上海市教育科学研究院普通教育研究所列为重点课题;"家校共育视角下小学生在跳绳运动中的心理弹性提升的实践研究"在上海市中小学心理辅导协会立项。

(三) 教师家庭教育指导工作激励机制的完善

当前,教师开展家庭教育指导工作主要是基于教师的教育教学责任,但要把家庭教育指导工作做细做好,学校应设立规范的激励机制。《上海市中小学幼儿园家长学校建设标准(试行)》在"队伍激励"维度中指出,把参与家长学校家庭教育指导情况纳入教师年终考核,并匹配绩效激励;对在家长学校建设中有突出贡献的优秀管理者和指导者进行宣传。对于参与家庭教育指导工作的教师,学校可以在绩效考评、职称晋升等方面适当予以政策倾斜,调动全体教师的参与积极性,促进家庭教育指导工作的常态化发展。同时,学校可以通过公众号等途径,对优秀的家庭教指导教师进行宣传。这不仅是对教师工作的精神鼓励,也是对其家庭教育指导实践经验的分享与推广,能够让更多的教师借鉴、学习。

三、家长学校建设成效评价

近年来,家庭、学校、社会"三位一体"的大教育环境不断得到优化。在家、校、社协同育人的机制下,多维度评价才能不断完善,家长学校的办学品质才能不断提升。

(一) 家长学校的综合考评

《全国妇联 教育部 中央文明办关于进一步加强家长学校工作的指导意见》中提出"有挂牌标识、有师资队伍、有固定场所、有教学计划、有活动开展、有教学效果"的"六有"家长学校规范化建设目标;《上海市中小学幼儿园家长学校建设标准(试行)》从组织管理、课程教学、队伍建设三个一级维度和组织机构、规范管理、条件保障、课程内容、教学实施、效果评价、队伍结构、队伍研修、队伍激励九个二级维度,进一步明确了家长学校的建设要求。

对照政策要求,学校需要开展自查自评,思考家长学校的组织机构是否健全、管理是否规范民主、相应的配套机制是否需要完善、课程体系建设情况如何、教师家庭教育指导能力能否得到提升……这些都需要学校不断总结工作经验,逐步加强完善。

随着互联网技术的发展,家长学校的建设与运营也需要转变传统思维。学校需要思考线上线下活动的实施能否融合、线上的家校沟通是否便捷、学习进度数据能否互通……家长学校应依托信息化技术实现创新发展。

根据家长学校的年度综合考评,开展家长学校先进校、示范校的评比和表彰工作,总结推广典型经验,把成果辐射至更多学校。

案例:上海交通大学附属黄浦实验小学的实践

上海交通大学附属黄浦实验小学着力打造"童心飞扬,'三心'护航"的家庭教育特色品牌,积极构建"以儿童为本,基于儿童立场"的学校家庭教育工作框架,引领家长学校有序开展相关工作。上海交通大学附属黄浦实验小学入选由全国妇联、教育部联合评定的首批"全国家庭教育创新实践基地",先后被评为"全国优秀家长学校""首批上海市家庭教育示范校""全国信息技术先进单位""上海市依法治校示范校""上海市行为规范示范校""上海市绿色学校""上海市健康促进学校""上海市教育科研先进集体""上海市心理健康教育示范校",获得"上海市少先队雏鹰大队""2022年上海市中小学心理健康教育活动月优秀组织奖"等荣誉。课题"童心飞扬,'三心'护航——'三心'家长工作坊在学校教育中的运作机制与功能研究"荣获上海市家庭教育研究成果二等奖。

案例:上海市实验学校西校的实践

上海市实验学校西校的相关经验在多个平台进行了交流和辐射。2020年6月,王静副校长在上海电视台新闻综合频道参与了家校共育节目直播。2020年8月,学校完成家长学校线上课程的设计与实施,进行了家长学校课程的区级专家论证。2020年8月,章志强校长参与了闵行区家、校、社论坛。2020年10月,学校完成上海市全员导师制调研工作,为上海市教育委员会制定相关文件提供了很多宝贵的经验,得到市里相关部门领导的一致赞誉。结合调研内容,学校重新调整了家长学校课程的主题与内容。2020 年底,章志强校长在上海家长学校年终总结会上的发言得到了与会专家的好评,相关内容被《文汇报》和学习强国采用。2021 年 4 至 5 月,王静副校长分别面向徐汇区、静安区、松江区、嘉定区的德育干部进行家庭教育专题培训(见图 2-2)。2021 年 11 月,王静副校长受国家教育行政学院邀请,面向无锡校长班学员进行家庭教育工作经验分享,在全国、市、区内发挥了很好的示范辐射作用(见图 2-3)。

　　"小初衔接中提升学生成长适应性的家长指导课程优化研究"被评为 2021 年度上海市家庭教育研究优秀课题。"成长教育理念下的家校合力行规教育研究"在闵行区中小学行为规范教育专题研究中获结题评比二等奖。《优化家校课程建设,推进协同化育人》获闵行区第二十五届德育论文二等奖。

图 2-2　家庭教育专题培训

图 2-3　家庭教育工作经验分享

（二）家长学校的问卷反馈

1. 家长学习满意度调查

　　学校的发展离不开家长的配合与支持,家长学校的建设也离不开家长的评价与反馈。家长学校应在每次教学实施后组织家长问卷调查,收集整理家长对学校课程内容、指导服务工作、教师专业水平等方面的反馈信息,对相关结果进行逐一分析,及时发现不足,总结经验,提出优化建议。

　　家长学校应做好年度调查工作。调查结果不仅是设计下一阶段课程的重要依据,也是组织教师培训的重要依据。以解决家长实际问题为目的来培训家长学校的教师,才能做到有的放矢,真正解决家长的燃眉之急。家长学校应形成"课程设计有依据、授课内容有重点、课程评价有回应、课程优化再改进……"封闭循环的课程建设体系,不断丰富完善课程,同时带动教师培训学习,更好地指导家长开展家庭教育。

2. 教师指导有效性调查

家长学校应组织教师问卷调查,了解每次教学活动的组织安排情况、家长参与情况、后续成果反馈情况等,做好活动通知、课程教案、参与情况、评价情况等相关材料的收集、整理、归档工作,实现教育资源和案例统整,形成较为系统的指导模式,以点带面,补齐短板,引导教师在互相学习和探讨中优化工作方式,实现专业成长。

家长学校应以"立德树人"为导向,优化教育生态,充分发挥家长在教育中的作用,助力家长在学习、思考、感悟、实践中不断成长,更新家教理念、优化家教方法,提高家庭教育品质。

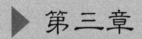

第三章

课程教学

『**本章核心内容**』

　　教与学既相互依存又相辅相成。本章从问题现状、体系构建、课程形式、课程开发、策划实施等维度出发,梳理了家长学校课程教学的关键环节,以促进各类教学活动的顺利实施。

家长学校是宣传家庭教育知识的主要阵地,而与之相配套的家长学习课程是重要的抓手。宋代朱熹曾提出"宽着期限,紧着课程",其中的"课程"可以理解为学习的范围与进程,它既是事物的本身,又是过程的本身,是一个复合概念。在学校教育中,课程一般是指学校学生应学习的学科总和及其进程与安排,包括教学计划、教学活动与教学内容。由此可见,家长学校课程也应该有其完整独立的学习内容与教学安排。

第一节　如何构建家长学校的课程体系

在学校教育中,课程体系是指同一专业的不同课程门类按照门类顺序排列,是教学内容和进程的总和。它规定了实施培训目标的计划方案,是培养目标的具体化和依托。作为教育活动的指导思想,它既是学校开展教育教学工作的基础,也是保障和提高教育质量的关键。

《全国妇联　教育部　中央文明办关于进一步加强家长学校工作的指导意见》中,把"有教学计划"列为家长学校规范化建设的六个目标之一,并进一步指明,"在教学内容上要依据《全国家庭教育指导大纲》,因地制宜地开展宣传实践和指导服务""在教学形式上要针对家长儿童需求,采取灵活多样的教育和传播手段",从组织管理的角度对家长学校的教学内容与教学形式提出了明确的要求。

一、家长学校课程体系构建方面存在的问题

从 2011 年《全国妇联　教育部　中央文明办关于进一步加强家长学校工作的指导意见》的提出,到 2022 年《中华人民共和国家庭教育促进法》的正式施行,十余年间,以学校为依托的家长学校建设已经步入常态化,基本做到全覆盖。然而,受家长家庭教育的意识不足、观念偏差和家庭教育指导工作起步较晚、方式单一等因素的影响,在家长学校实际推行过程中,尤其在课程体系建设方面依然存在较多问题。

（一）课程体系整体设计不足,缺乏系统性

课程体系之所以称为"体系",原因在于它是由若干事物或某些意识相互联

系而构成的一个有特定功能的有机整体。家长学校只有注重顶层设计，自上而下地整合统筹课程，才能真正发挥其提纲挈领的作用。目前，家长学校课程体系相对比较薄弱，虽然偶尔有亮点，但是还没有形成特色。各学校虽然有针对各年级学生年龄特点开设的家长培训课程（涉及行为规范、习惯养成、学段衔接、亲子关系、心理健康、生涯指导等方面），但学段与学段之间、课程与课程之间相对割裂，"碎片化"的特征依然明显，难以真正提升家长的家庭教育能力。

（二）教学重点偏差，缺乏针对性

教与学既相互依存又相对而生。在学校教育中，学是教的起点，教是学的保障，脱离学而教，教师很容易陷入"演独角戏"的尴尬境地，无法保障课堂教学的实效。在家长学校的课程实践过程中，部分学校仅凭单方面的意愿或经验邀请专家授课、开办讲座，一方面忽视了家长面对的家庭教育实际问题；另一方面忽视了不同家长的家庭教育知识与能力存在差异。不考虑家庭与学生的实际情况，开展"一锅炖"式的家长培训，势必造成部分家长不需要、学不进、听不懂，不仅影响家长参与的积极性，还有可能造成新的家校矛盾，使双方难以形成教育合力。

（三）教学形式单一，缺乏实用性

《全国妇联 教育部 中央文明办关于进一步加强家长学校工作的指导意见》中明确规定，"幼儿园家长学校每学期至少开展1次家庭教育指导、2次亲子实践活动""中小学校家长学校师资队伍可由学校教师、志愿者、优秀家长等组成，有条件的学校可聘请专家或社会工作者开展相关工作。家长学校每学期至少组织1次家长指导，如家庭教育讲座、家庭教育咨询等，1次家庭教育实践活动"。在实际执行过程中，家长学校课程实施途径以举办专家讲座或家长会前的集中指导为主。对于一些更加关心孩子学习成绩或在校表现的家长来说，家长会后的沟通交流可能更具有吸引力；而对于能够提升家长家庭教育知识的讲座、培训，部分忙于工作的家长会认为它们是在"折腾家长"。在活动组织上，家长学校每学期会组织1至2次大规模的集中讲座，由于时间跨度较大，不利于家长系统地吸收家庭教育理念、有针对性地改进家庭教育方法。鉴于部分家长工作忙，无法到场参加，如何打破时空限制成为家长学校课程实施的一个重要问题。同时，各校邀请家庭教育方面的知名专家、组织优质的讲座仅仅局限在各校或各年级内部，"单兵作战"的局面无法实现课程资源的共享。

二、家长学校课程体系的构建策略

课程体系是保障和提高教育质量的前提与关键。它建立在一定的教育价值理念基础上,将教学内容加以排列组合,从而使其在课程实施的过程中促进课程体系目标的实现。它包括课程理念与目标、课程依据与内容、课程安排与计划。

（一）课程理念与目标

课程目标是指通过一定时间的学习后,学习者可以达到的某一具体的效果,是课程内容、教学目标和教学方法的基础。

《全国妇联 教育部 中央文明办关于进一步加强家长学校工作的指导意见》在"指导思想"中规定,各级各类家长学校要遵循党的教育方针和政策,始终坚持德育为先、育人为本的宗旨,以促进儿童健康成长为目标,以提升家长素质为核心。这就明确了家长学校课程体系建设的理念。

《全国妇联 教育部 中央文明办关于进一步加强家长学校工作的指导意见》在"主要任务"中指出,面向广大家长宣传党的教育方针、相关法律法规和政策,宣传科学的家庭教育理念、知识和方法,引导家长树立正确的儿童观和育人观;组织开展形式多样的家庭教育实践活动,增进亲子之间的沟通和交流,使家长和儿童在活动中共同成长进步;通过多种形式为家长儿童提供指导和服务,帮助解决家庭教育中的难点问题,提升家长教育培养子女的能力和水平;增进家庭与学校的有效沟通,努力构筑学校、家庭、社区"三结合"的未成年人教育网络,为儿童健康成长营造良好环境。

概括来说,家长学校课程体系建设的目标主要围绕四方面:(1)宣传家庭教育知识与方法,引导家长树立正确的家庭教育观念;(2)增进亲子沟通,和谐亲子关系;(3)解决家庭教育实际问题,提升家长的教育能力;(4)家、校、社合力,为孩子营造良好的成长环境。

从这四方面,可以延伸出大到心理健康、行为规范、人际交往、学习习惯、情绪调控、青春期教育等和小到作业辅导、学段衔接、沟通方式、手机管理等具体细化的教学目标。

（二）课程依据与内容

课程内容是课程体系的重要组成部分,是课程目标得以实现的载体。从教与学的关系来看,可以通俗地将其理解为"家长学校可以教什么"或者"家长可以学到什么"。《全国妇联 教育部 中央文明办关于进一步加强家长学校工作的指导意见》指出,在教学内容上要依据《全国家庭教育指导大纲》,因地制宜地开展宣传实践和指导服务。《上海市中小学幼儿园家长学校建设标准（试行）》在"课程内容"维度中指出,根据国家及本市家庭教育指导大纲,以问题和需求为导向,科学设计教学内容,针对不同年级、不同家庭和关键时段家庭教育指导重点与难点,建立基础课程、专题课程和个性化课程。在实践操作层面,家长学校的课程内容设计可以从以下几方面着手。

(1) 学习国家及地区指导文件精神,为课程体系构建寻求科学依据。为帮助家长掌握科学育儿知识,各园、各校在家长学校课程体系构建中,可以参考《中华人民共和国家庭教育促进法》《全国家庭教育指导大纲(修订)》《3—6 岁儿童学习与发展指南》等相关指导文件,针对不同年级、不同家庭和关键时段家庭教育指导重点与难点,构建科学化、系统化、规范化、相对稳定的家长学校课程体系。

(2) 以家长的问题和需求为导向,合理设置家长学校课程。各园、各校可以结合所在学区生源的家庭实际情况,组织家长问卷调查,切实了解家长在家庭教育方面的问题,结合成年人学以致用的学习需求,有针对性地设置家长学校课程。家长学校要从解决孩子成长发展的实际问题出发,对家长就家庭教育的认识、态度、行为等方面进行指导,做到有的放矢,真正解决家长的燃眉之急,帮助家长更新家庭教育观念和方法,以提高家长家庭教育水平,促进家校合力。

(3) 关注教育热点信息,适时解读教育方针、政策。教育政策是党和国家基于某一特定历史时期的教育发展目标和任务制定的关于教育的行为准则,是在特定时空下对教育形势、事务或活动的规范和引导。《上海市中小学幼儿园家长学校建设标准(试行)》在"课程内容"维度中指出,教学内容应涵盖党的教育方针、相关法律法规和政策;幼儿和中小学生身心发展规律、亲子关系与家风建设,以及家长对孩子实施道德品质、身体素质、生活技能、文化修养、行为习惯、心理健康、安全素养等方面教育所需的理念、知识和方法。

根据教师、家长、学生的实际情况,家长学校要抓住热点,开展专题培训,从学校和家庭的不同角度分析政策的核心要求,为家长答疑解惑。

案例:广州大学附属小学的实践

鉴于广州大学附属小学超过 70% 的学生家长是高级知识分子,借助家长学校课程对家教实践进行具体指导的意义更大。课程资源方面,仅靠校内教师或外聘专家开办几场讲座显然是不足的。疫情期间,家长进校园参加线下培训和交流受到限制。为了丰富家长学校的课程内容,不断提高课程质量,突破线下培训和交流难以实现的僵局,学校积极寻求合作资源,线上线下相结合,让家长学校获得可持续发展。学校与广州大学教育学院、广东省中小学德育研究会、家庭教育专业培训网等单位合作,在专业团队的指导下,结合实际情况,设计出符合本校家长群体的课程,从幼小衔接开始至六年级,给家长提供学习资源及实际指导,线上线下多管齐下,使家校沟通良性发展,家长对学校的认同度不断提升。

　　学校以小学生身体、认知、情绪发展特点，以及各年级家长普遍关心且在家庭教育中经常会遇到的问题为依据设计课程，引导家长提前了解孩子身心发展规律，有意识地引导孩子或培养孩子的优秀品格，避免出现问题后才想办法修正，因为预防比治疗更容易达到理想的教育效果。广州大学附属小学的家长学校课程体系主要聚焦小学生发展特点、态度与习惯、亲子沟通与教养方式、人际交往与情绪管理、健康与品格、学校教育与课外拓展等方面，见图3-1。

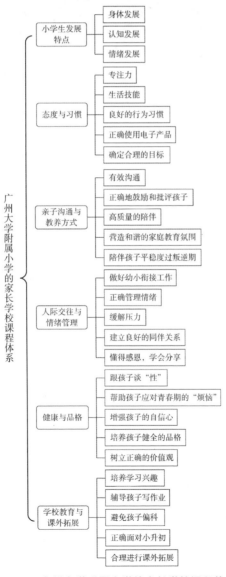

图3-1　广州大学附属小学的家长学校课程体系

案例:杨浦区控江二村小学的实践

杨浦区控江二村小学每学期为不同年级的家长设计了不同的课程,如面向一年级学生家长的入学适应性课程、面向二年级学生家长的热爱劳动课程、面向三年级学生家长的十岁成长课程、面向四年级学生家长的家风家训课程、面向五年级学生家长的生涯规划课程等(见表3-1)。学校通过以主题活动为主的校内亲子课程,引导家长陪伴孩子成长。

表3-1 "亲贝课堂"课程

课程名称	学前调研	制定方案	实施策略	评价反馈
面向一年级学生家长的入学适应性课程	通过问卷调查、学前家访等形式,了解家庭构成和育子方式	根据各班情况,有针对性地设计课程内容,确保具体落实	开设家长微课堂,结合亲子准备期手册推进落实入学课程	开展家长开放日活动,展示学生成长情况,聆听家长的心声
面向二年级学生家长的热爱劳动课程	了解学生在家劳动的实际情况,发现共性的问题	根据《杨浦区控江二村小学家庭劳动分工表》确定年级、班级需要完成的任务	开展今天我当家、劳动打卡、亲子合作赛等主题活动,提高学生劳动积极性	结合亲子沙龙、论坛等活动,请家长分享居家劳动教育妙招,总结完善劳动分工表
面向三年级学生家长的十岁成长课程	分析学生成长历程,关注重要事件	根据学生的年龄特点,有针对性地设计课程内容及选取方法	举行十岁成长礼、研学成长旅行、心理讲座、主题班会等	关注学生成长发展,关注亲子共同成长,培育幸福和谐关系

（续表）

课程名称	学前调研	制定方案	实施策略	评价反馈
面向四年级学生家长的家风家训课程	了解不同家庭的家风、家训，寻找能够引发共鸣的教育点	邀请家长一起读家书，品家风、家训后面的故事。各班采用不同的交流方式，确保方案落地	既有年级层面的家书品读会，也有班级层面的家训交流会，更有面向个别家庭开展的"我家故事"分享会	以线上和线下相结合的方式开展活动，收集家长的意见和建议，优化课程形式
面向五年级学生家长的生涯规划课程	围绕"梦想·成长"主题，关注学生生涯发展目标	树立正确的思想观念和价值取向，融合课程，培育能力	结合生活日常、重要节日、大型活动等，逐步渗透课程内容	结合学生心理素养、学业水平、体质健康，呈现综合分析报告

案例：上海交通大学附属黄浦实验小学的实践

在"体现儿童立场的学校课程设计与开发研究"课题大背景下，上海交通大学附属黄浦实验小学的"三心"家长课程拓宽了课程的内涵与外延，体现出一种大课程观。"三心"家长课程是一种强调亲子共同参与，整合及优化学校、家庭、社区、社会各种资源的"草根式"课程。这种课程非常贴近生活，能够吸引家庭参与，使家庭成员愉快学习和快乐成长，同时能促进教师的专业成长和学校的长远发展。

学校与家长慕课平台合作组建线上"三心"家长工作坊后，平台可提供超过两万分钟的优质课程资源供家长选择，同时支持学校自主上传校本课程，并支持全网推荐优质资源，全方位满足家长学校对课程的个性化需求。

（1）基础课程保知心。每学年，学校会安排四次家长学校家庭教育指导基础普及课程，涉及入学第一步、学习环境营造、习惯培养、道德培育、科学学习指导、健康教育、生命教育、亲子教育、小升初衔接等主题，并配有专家答疑和课程拓展资源。家长可以自主选择课程内容，也可以根据课程提供的其他资源，对自己的课程内容进行补充和拓展。

（2）亲子课程护爱心。在学校各种家校互动平台中，教师了解到一些家庭的特殊辅导需求。针对这些需求，学校设计了"通向幸福的阶梯""玩出学习力"等特色亲子辅导课程，每学年以亲子沙龙的形式，由学校家庭教育指导师、心理专职教师承担课程辅导工作。这些课程受到了广大家长的喜爱和认可，每一次开班名额都供不应求。学校还把这些课程拍摄成微课视频，上传至平台，让不能线下参加课程培训活动的家长在家中完成课程学习。

（3）专题课程炼慧心。很多家长抱怨孩子学习效率低，成绩不理想，希望延长孩子的学习时间，加大孩子的学习强度。其实，不用那么复杂，也不用那么痛苦。学校的线上专题课程，指导家长从影响孩子学习的一些非智力因素入手，帮助孩子解决学习问题。

（三）课程安排与计划

家长学校需要按一定的顺序对根据课程目标设置的课程内容进行排列组合，注重课程与课程之间的逻辑顺序，循序渐进地设置相关课程，在动态实施中保证课程体系的结构化、模块化、系统化。

1. 根据学生年龄特征，设置分学段学习课程

《全国家庭教育指导大纲（修订）》根据儿童发展的连续性和阶段性特征，分别概括了"新婚期及孕期"和针对"0—3岁儿童""3—6岁儿童""6—12岁儿童""12—15岁儿童""15—18岁儿童"的家庭教育指导要点。在家长学校的课程建设中，各幼儿园、中小学根据学校类型的不同，要重点关注与之对应的学生年龄阶段，合理安排相关课程内容。

案例：上海市长明中学的实践

在学校德育处的统筹安排下，上海市长明中学围绕学生在校园生活中出现的问题，认真剖析现象背后折射出的家庭教育中存在的问题，依据《上海市0—18岁家庭教育指导内容大纲》，通过校本培训，有针对性地开发家庭教育指导资源，并在使用中不断完善。学校编写了家庭教育读本《温暖的港湾》，确保每个年级、每个学段都有针对性的家庭教育指导资源。不同年级的课程设置见表3-2。

表 3-2 不同年级的课程设置

年级	课程内容	类别	配套资源	授课形式
六年级	家庭教育中表扬与批评的艺术	文章类	讲稿、课件	线下讲座
	起航,为了孩子的美好明天	文章类	讲稿、课件	线下讲座
	家长在家庭教育中的作用	读本类	读本	线下讲座
七年级	我的孩子叛逆了,该怎么办	文章类	讲稿、课件	线下讲座
	家长情绪影响孩子行为	读本类	读本	线下讲座
	亲子沟通技巧	文章类	讲稿、课件	线下讲座
八年级	了解孩子的生理变化	读本类	读本	线下讲座
	如何应对"初二现象"	文章类	讲稿、课件	线下讲座
	在家庭中培养孩子的责任心	文章类	讲稿、课件	线下讲座
九年级	初中生科学学习方法	文章类	讲稿、课件	线下讲座
	中考升学指导	文章类	讲稿、课件	线下讲座
	放手,让孩子更强大	视频类	讲稿、视频	线上讲座
全体	在家庭中如何自救	视频类	讲稿、视频	线上讲座、线下讲座
	校园外的意外伤害事故处理办法	视频类	讲稿、视频	线上讲座、线下讲座
	别样开学季,长明等着你	视频类	讲稿、视频	线上讲座

对于小学阶段,还可以细化为"低年级""中年级""高年级"三个阶段,有针对性地解决家庭教育问题。

案例:上海市第二师范学校附属小学的实践

为了提高家长学校指导的实效,上海市第二师范学校附属小学将所有的家长按孩子所在年级分为三个层次。各年级根据实际情况分层设计课程内容,采用分散学习与集中学习相结合的方式开展学习。不同年级开设的专题课程见表3-3。

表 3-3 不同年级开设的专题课程

年级	学期	家教主题	课程内容
一年级	第一学期	幼小衔接的准备	1. 幼升小,你准备好了吗 2. 家长怎样肩负起家庭教育的责任 3. 幼小衔接阶段家长、孩子的心理适应
	第二学期	良好习惯的培养	1. 家有小一娃 2. 良好学习习惯的养成 3. 良好行为习惯的养成
二年级	第一学期	走进经典阅读	1. 亲子阅读的美好时光 2. 培养阅读的好习惯 3. 走进绘本阅读世界
	第二学期	教师、学生、家长	1. 家校合作 2. 家长的教养方式 3. 让孩子在被赏识中成长
三年级	第一学期	在生活中学写作文	1. 如何引导孩子在生活中学写作文 2. 学会搜集生活中的素材 3. 让孩子爱上写作
	第二学期	感受思维火花乍现的快乐	1. 怎样使你的孩子更聪明 2. 在生活中培养孩子的自尊、自信 3. 教孩子悦纳自己
四年级	第一学期	培养孩子的情商	1. 成就孩子的必修课 2. 培养高情商的孩子 3. 孩子情商训练指导
	第二学期	和谐亲子关系	1. 亲子间的有效沟通 2. 爱的原则 3. 遇见最好的自己
五年级	第一学期	学会交往,学会合作	1. 童年最重要的是什么 2. 学会交往,学会合作
	第二学期	小初衔接	1. 人生"分岔"关键期 2. 怎么进行小初衔接 3. 小初衔接心理调适

2. 对比家庭教育需求,分门别类地设置课程

孩子的身心发展具有规律性,同一学段的孩子可能存在某一共性问题,家长学校应结合家长实际需求与各年级学生发展特征,通过分析对比、归纳汇总,以不同的形式对有着共同需要和共性问题的家长开展家庭教育指导,合理安排课程资源、专家资源,提高家长学习的效果。例如,针对教育方面的方针政策,做好普适性的宣传工作;对于行规问题、学业焦虑、亲子沟通障碍等同质性问题,组织家长沙龙等参与式培训,让家长通过体验互动、分享研讨掌握应对方法,与学校形成合力;在离异、流动等特殊家庭,或者多动症、自闭症等特殊儿童的家庭教育指导方面,可以建立由心理教师、班主任、德育领导组成的专项指导服务小组,必要时邀请校外专家参与,以"会诊"的形式对家长进行个别指导,解决家长实际教育中的难题。

案例:上海市虹口区凉城第四小学的实践

上海市虹口区凉城第四小学采用"塔形"立体化多维培训模型对家长进行培训,具体包括群体课程指导培训(塔底)、小团体互动式策略培训(塔中)、个体多维模式的分类学习指导(塔尖)三部分(见图3-2),并尝试建立外部专家培训、内部人员互动、点面结合式跟踪指导的培训体系。

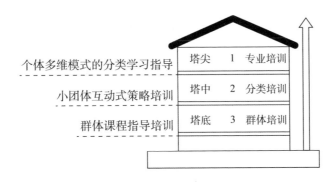

图 3-2 "塔形"立体化多维培训模型

3. 尊重家庭教育差异,开设个性化学习课程

家庭环境、家长工作收入、家长学历,乃至地域文化、风土习俗等因素,让本就复杂的家庭教育更加多样化,家庭面临的问题也更加多元化。因此,家长学校的课程建设应具有一定的个性化特征,因"家庭"施教,因"学校"施教,以满足不

同家庭的需求。具体来看,必修课程旨在解读国家教育政策、宣传学校办学理念、普及家庭教育常识;选修课程应围绕亲子沟通、时间管理、作业辅导等主题,支持家长根据实际情况自主选择学习。

案例:上海市实验学校西校的实践

上海市实验学校西校形成了"必修+选修"的家长课程体系,见图3-3。

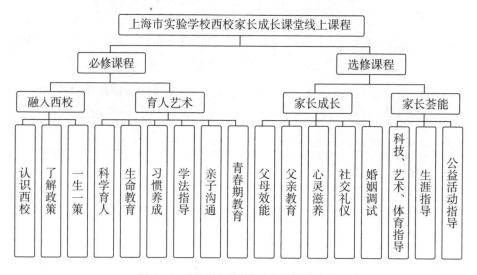

图3-3 "必修+选修"的家长课程体系

1. 必修课程

"融入西校"课程旨在让家长明确自身的角色定位,增强自我成长的意识,注重家庭教育,树立陪伴孩子共同成长的观念。该课程包括认识西校、了解政策、一生一策三个板块。认识西校板块包括对学校教育理念的介绍;了解政策板块包括解读中考的新政策和普及关于核心素养的知识等;一生一策板块主要涉及班主任教育学生的育人微技术。每个孩子都是不一样的个体,在这个孩子身上成功的方法不一定能成功应用到其他孩子身上。学校提倡一生一策,希望教师在掌握育人基本规律的同时,针对每个孩子的特殊情况,采取有针对性的策略,真正走进学生内心,唤醒学生成长的内生动力。

"育人艺术"课程旨在普及家长应知的共性知识。该课程包括科学育人、生命教育、习惯养成、学法指导、亲子沟通、青春期教育六个板块。学校根据家长的需求,围绕调研中发现的学生常见问题和家长最关注的问题,形成以问题解决为导向的家长学校课程。以习惯养成板块为例,学校针对各年级调研中发现的问题开设微课。其中,六年级调研中发现了以下问题:(1)如何让学生养成在课堂上记笔记的习惯?(2)如何改善学生在校的行为规范?(3)如何解决学生一回到家就玩手机、看闲书,很晚动笔做作业的问题?(4)如何解决学生不愿意参与体育锻炼的问题?(5)如何制订假期计划,使假期更精彩?

2. 选修课程

"家长成长"课程是以家长自身成长为目标的课程。家庭教育最关键、最重要的方法与路径,就是父母与孩子一起成长。"没有父母的成长,永远也不会有孩子的成长""父母是孩子成长的楷模""父母与孩子一起成长,孩子才能更好地成长",这些思想给教师很大的启发,学校有责任引导家长不断成长。为此,学校开发了"家长成长"课程,涉及父母效能、父亲教育、心灵滋养、社交礼仪、婚姻调试几大板块。以父母效能板块为例,它符合各年龄段孩子的生理、心理特点,能够帮助家长解决各类家庭教育难题。父母效能训练让家长有能力营造双向尊重的家庭氛围,使孩子成为健康、富有活力和创造力的全面发展的人。父母效能板块的主要学习内容见图3-4。

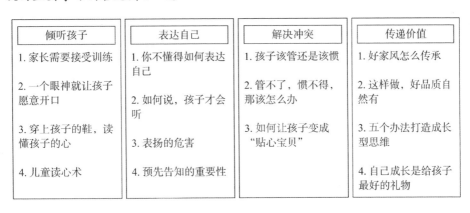

图3-4　父母效能板块的主要学习内容

"家长荟能"课程包括科技、艺术、体育指导和生涯指导、公益活动指导三个板块,主要由家长志愿者进行授课。

每个学生都是不一样的,每个家长也都是不一样的,所以,家长学校的课程内容也应有所不同。家长学校只有因材施教,开展个性化指导,才有可能实现家庭教育指导的高质量发展。

三、家长学校课程实施的形式

架构出课程体系后,课程的呈现和实施成为家长学校整体建设与长期运营的核心。

目前,大部分学校的家长课程主要以线上直播、线下讲座、家长沙龙等活动类课程为载体。这在组织实施、家长参与、场地和经费安排等方面具有一定的便利性和优势,在后面有专门的章节对该类活动的开展进行详细阐述。

然而一学期 2 至 4 次的培训活动,由于参与人数多、时间跨度大、家长因故无法参加等,实际成效较难保障;如果缺乏系统设计,活动主题之间缺乏关联性,不仅无法体现课程建设的系统性与完整性,也无法对家长的家庭教育产生持续的影响。因此,家长学校在课程建设中还需要开发一定数量的具有特色的校本课程,作为家长学校的长期学习资源,与活动类课程相互配合、补充,达到效果的最大化。

校本课程是学校自主策划、组织编写或开发的课程。作为国家课程、地方课程的补充与延伸,校本课程体现了基于学情、校情的地方性与特色性,是家长学校课程建设个性化、系统化与民主化的体现。

（一）家长读本

读本类课程是家长学校常见的一种课程形式。目前,国内大部分地区有统一编写、印刷的家长读本,如河北省"陪伴成长"系列家庭教育手册(见图 3-5)、江苏省苏州市《苏州家庭教育家长读本》(试用本,见图 3-6)、浙江省温州市《智慧家长课堂》(见图 3-7)。

图 3-5　河北省"陪伴成长"系列家庭教育手册

图 3 - 6 江苏省苏州市《苏州家庭教育家长读本》(试用本)

图 3 - 7 浙江省温州市《智慧家长课堂》

学校也可以基于家长的现实问题,组织教师编撰相应的家长读本,供家长学习。从内容维度来看,家长读本可以分为以下几类。

1. 政策解读类

该类读本归纳、整理了国家的相关教育政策,并配以解读,旨在让家长在认识、理解相关教育政策的基础上,顺应国家教育方针,更好地开展家庭教育。该类读本还可以作为相关培训的教材,在培训结束后,家长将其带回家中复习巩固,加深印象。

2. 宣传普及类

该类读本以宣传家庭教育理念、普及家庭教育知识、传授家庭教育方法等为主要内容,关注家庭教育的通识类课程、心理健康教育课程、学习指导课程、优秀传统文化课程、家校共育课程等,行文通俗易懂,便于家长掌握相关知识。

案例:上海市崇明区实验小学的实践

在校长室的引领下,上海市崇明区实验小学的德育处、教科室联合开发了一系列家庭教育指导专项校本课程。在一年级准备期,为了排解家长的担忧情绪,学校会为家长提供有针对性的家庭教育指导方法,发放《入学导航手册》。学校编写了《育儿有方 教子有道》家庭教育指导用书,帮助家长学习更多育儿理念。学校设计了《家庭科学实验指南》,鼓励家长和孩子一起参与科学创新实验活动,在"跟我做、自己来、秀一秀"等活动环节中进一步增进亲子情感。为了更好地提升学生的生活品质,学校编写了《生命之歌》读本(根据学生的年龄特点,共分5册),帮助家长掌握心灵导航、健康宝典、安全驿站、急救避险四个板块的知识,与孩子共同成长。

案例:上海市虹口区实验幼儿园的实践

上海市虹口区实验幼儿园在多年办园的过程中,深入理解了家、校、社共育的重要性以及学校在家庭教育中的重要作用。在多年开展教师家庭教育指导方法和技能培训的过程中,学校从幼儿园管理层级和教师的家庭教育指导需要出发,边实践边探索,逐渐构建了比较完整的幼儿园家庭教育指导培训课程体系。相关成果见图3-8。

图3-8 相关成果

3. 案例分析类

"陈述案例—分析原因—提出策略"这种案例集式的编排模式,以问题为中心,以实践为导向,通过一问一答的方式,从实践操作着手,集成、分类、排序,从小处出发,切实聚焦家庭教育中常见的问题,可以为家长提供有针对性和可操作性的解决策略。

4. 育儿心得类

每个学校都有掌握了一定的教育知识、家庭教育经验丰富的优秀家长,学校可以在全校范围内分享他们的育儿心得。这不仅是对优秀家长的肯定与褒奖,更重要的是能带动、启发更多的家长借鉴学习。

家长读本的内容与形式还有很多,尤其是随着新媒体的普及,每个学校都会建立自己的官方宣传渠道,这为相关信息的推广发布带来了便利。传统的读本学习与新媒体学习并不冲突,如同纸质书与电子书一样,各有各的特色,各有各存在的价值。学校可以将读本的内容编辑转化成电子文档发布,也可以将众多的电子文档整理汇编成读本下发,途径更加多样,家长的选择也更加多样。

(二)线上课程

互联网技术的快速发展和信息化平台的使用逐渐改变了人们学习和获取资源的方式。线上课程主要包括以下几类。

1. 视频课程

视频课程是指把录制完成的课程视频上传至信息化平台供学员观看的一种课程形式,包括慕课、微课等。

视频课程与直播课程都主要以视频的形式输出,前者的优势是可以随时播放、随时停止,家长可以选择自己方便的时段来学习,还可以反复观看,加深理解。而且,经过精心剪辑制作后的视频,内容质量相对较高,呈现效果更好,更有助于家长学习。

与直播课程不同的是,视频课程是提前录制好的,讲师不能与学习者实时交流讨论,学习者遇到问题只能在评论区留言,互动性较差;视频的剪辑制作也需要相关人员具备一定的专业能力。

2. 音频课程

音频课程的内容以音频为主。类似于收听广播,家长在学习时不必时刻看着屏幕,可以一边学习家庭教育知识,一边做其他事情,如坐公交车、做家务、跑步等,形式更加轻松灵活。

3. 图文课程

随着网络技术的发展与运用,学校可以将家庭教育知识、方法等内容以"文字+图片"的形式编辑成新媒体文章,通过学校新媒体矩阵(包括官方网站、官方微博)进行发布分享,编辑时可以设置相关标签,形成合集,便于家长系统学习某方面的知识。学校也可以在文章中插入视频、音频,让内容更加丰富,形式更加多元。

有条件的学校可以采用线上＋线下、视频＋读本的形式,构建具有本校特色的家长学校课程体系。

案例:上海市奉贤区江海第一小学的实践

上海市奉贤区江海第一小学在实践中探索了"百分爸妈"家长学校。

一、顶层设计,科学统领

在实践过程中,上海市奉贤区江海第一小学用审视的眼光剖析传统家长学校中的不足与弊端,并探究、总结出新形势下家校培训的新模式、新途径和新方法。学校开展了"百分爸妈"家长学校的创新实践研究,把家庭、社会、学校有机结合起来,使三者协同一致教育孩子,营造了尊师重教的良好风气,为建立和谐校园服务。

"百分爸妈"是一种积分管理方式,而不是追求完美家长。它分为五个学制,每个学制有 20 个积分,分别对应孩子成长的 5 个学年度。家长在陪伴孩子共同学习的过程中通过家长学校的学习培训与实践活动,取得规定的积分,逐步成为一名合格的家长,甚至是优秀家长。

"百分爸妈"家长学校包括"百分爸妈"课堂、"百分爸妈"实践两个板块,通过线上与线下相结合、碎片化阅读与整体阅读相结合、多元授课与个体咨询相结合、活动积分与学习积分相结合的方式开展活动。学校在家长学校的运作模式、组织形式和课程内容上进行创新实践研究,开辟出符合学校特色与实际情况的家长学校建设道路。

二、家长课堂,着力推进

学校着重建设"百分爸妈"学校课堂,宣传正确的家庭教育思想,普及科学的家庭教育知识,从"重塑家长的育儿理念,打造合格的家长和合格的家庭"开始,唤醒家长的力量。培训从线上和线下两方面开展。线上有家长慕课、微信课堂两个平台;线下通过四种辅导方式呈现共性化课程和个性化课程。

(一)"百分爸妈"线上课程,关注自我学习

1. 家长慕课,权威课堂

学校加入奉贤区家长慕课试点学校实验,全体家长注册学习,校级家长委员

会作为家长慕课班级管理员,督促家长及时学习和参与测试。学校通过线上观课、线上视频、线上测试等让家长了解不同年龄阶段孩子的特征、可能产生的问题及最佳教育方法。

2. 微信课堂,他山之石

很多家长比较忙,碎片化阅读方式比较适合他们。为此,学校开设了"百分爸妈"微信课堂(见图 3 - 9),让家长通过学习育儿经验、家庭教育指导方法、人文经典等,提升自身素养和家庭教育能力。

图 3 - 9 上海市奉贤区江海第一小学褚红辉校长讲课视频截图

(二)"百分爸妈"线下课程,满足多元需求

1. "百分爸妈"校本课程,方法讲堂

根据学生情况和家长需求,学校开发了"百分爸妈"家庭教育指导丛书。丛书共分为五册(见图 3 - 10),分学段、分主题、分情境引导家长形成正确的认知理念。课程学习中,学校为家长自学、家长会集体学习、家长开放日专题讲座学习设置了不同的课时数,把家长所有的学习情况记录在积分卡内。

图 3 - 10 "百分爸妈"家庭教育指导丛书

2. 家庭教育专题讲座，专家引领

学校形成了一个年级一个主题的讲座菜单，例如，一年级的主题是"幼小衔接""好习惯养成"；二年级的主题是"亲子有效沟通"；三年级的主题是"关键的十岁"；四年级的主题是"成长中的问题"；五年级的主题是"青春期教育"。学校通过专家讲座和现场互动，让家长意识到不同年龄段孩子有不同的特征，教育时必须要遵循规律。

3. "百分爸妈"咨询教室，个别指导

"门诊式"一对一的个人咨询是学校家庭教育指导的一种独特方式。学校定期组织微信"挂号预约"，定时"开诊答疑"。近年来，学校共接受家长咨询 125 人次，建立档案 125 份，其中，跟踪档案 4 人次。

4. 编写《百分爸妈 60 问》家长读本（见图 3 - 11），全面受益

为了让家庭教育的受益面更广，学校发放了问题咨询卷，对相关问题进行归类整理，概括出 60 个常见的家庭教育问题，编纂成册，让书籍成为家长开展家庭教育的好帮手。

图 3 - 11　《百分爸妈 60 问》家长读本

随着信息化时代的发展，家长学校只有依托互联网建立线上线下联动的指导服务体系，开发个性化、多维度的校本课程，才能满足多元化的家庭教育指导需求，才能助力新时代的家校共育，让孩子不断进步。

四、校级精品视频课程开发的过程

校级精品课程的开发是家长学校课程建设的重要组成部分，也是家长学校个性化办学的重要体现。家长学校要综合分析校情、学情和家长需求，确定课程目标，组织编写课程内容，拍摄并制作视频课程，最终上传至互联网平台供家长学习。

目前,各种视频制作软件功能越来越丰富、完善,学校与教师完全可以尝试自主拍摄、制作视频。对善于学习的年轻教师来说,掌握一项新本领,提升自身能力,有助于日后的工作、生活。

（一）课程开发方案的设计

家长学校可以在课程体系的基础上对课程开发方案进行补充与细化。

1. 确定内容方向

参考家长学校课程体系的建设依据,家长学校可以把国家方针政策作为指引,把家长实际问题作为主体,实时补充相关热点话题,形成课程开发的内容框架。

家长学校要充分了解学校的内外环境,重点关注家长的需求,综合考虑不同家庭结构、经济条件下学生与家长的需求,开发特色校本课程。如学校生源以外来务工人员子女为主,可以考虑开发面向流动家庭家长的课程,对家长进行指导。

家长学校可以分年级、分类进行设计。与课程体系构建不同的是,校本课程开发更加关注家庭教育中的细节以及真实发生的具体问题,如"孩子说谎,该怎么办""孩子之间产生了矛盾,该怎么处理""如何教会孩子整理书包",关注家庭教育中具体问题的引导与帮助,应避免只谈学习与成绩,成为学校课堂教育的延伸,也应避免为了开展家庭教育而谈家庭教育,缺乏一定的针对性。

2. 明确课程目标

家长学校课程体系的构建为校本课程的开发指明了方向,提供了依据。遵循国家的教育方针,考虑到家长的普遍需求和学校的实际情况,课程体系的总目标需要进一步细化,并最终通过每一节视频课程呈现。

例如,"亲子阅读"的课程目标可以确定为培养孩子广泛的阅读兴趣,引导家长在与孩子共同阅读的过程中更好地理解孩子的世界,倾听孩子的心声。

又如,"劳动教养"的课程目标可以确定为能放手让孩子参与力所能及的家务劳动,从小培养孩子的家庭责任意识,让孩子学会担当。由此,可设置相应的年级课程:(1)建议一年级学生学会叠衣服,将物品摆放整齐;(2)建议二年级学生学会整理房间、择菜、洗菜;(3)建议三至四年级学生在家长的指导下烧制一道菜;(4)建议五年级学生参加采摘活动,能独立烧制一道菜。

家长学校可以把课程总体目标进一步细化为家庭教育相关领域的课时目标,并让家长通过学习来实现各领域的课时目标,进而实现总体目标。

3. 组建开发团队

确定校本课程开发方向后,家长学校就要组建校本课程开发团队,分工配合,以便开展后续各项工作。团队成员应包括学校内部人员与学校外部人员。

学校内部人员主要包括:(1)校长和相关负责人,负责课程的顶层设计、工作协调等;(2)教师,负责课程开发的具体工作,包括文案撰写、视频拍摄等。

学校外部人员主要包括:(1)外聘专家,参与课程计划的商定、课程制作的审核等;(2)家长代表,负责从家长的角度建言献策,完善课程方案,也可以参与课程开发,分享自己在家庭教育中的心得与感悟;(3)专业制作团队,参与课程视频的拍摄与制作。

内外配合、群策群力只是组建开发团队的一个方面,更重要的是在课程开发前明确分工,把每项工作落实到人,这样才能保障课程开发工作有序、顺利进行。

4. 设计课程方案

课程目标明确好、开发团队组建完后,家长学校需要设计课程方案。因学校规模、教师结构、家长及外部资源等条件不同,不同家长学校的课程方案设计步骤与进度会存在一定差异,但大体包含课程设置、课时目标、执行进度(包括文案编写部分和视频录制部分)、人员配置、完成时间等内容。

(二)课程内容的编制

课程内容的编制是线上课程开发中最为重要的一个环节。与教师平时上课前需要备课一样,课程实施过程的纸质化呈现是课程内容编制的前提与基础。与线下教学情境不同的是,这类教案是把书面语言转化为视频语言。教师应做好充分的准备工作。

1. 线上课程的教案设计

可以说,完成了教案设计,就完成了线上课程开发一半的工作量。因此,在教案设计开始前,应明确授课对象。授课对象是家长,不是学生。教案设计应符合成人的学习特点,相关内容应贴近家长的家庭教育实践,引发家长的共鸣和思考。

对于家长学习课程,学习者一般较为关心两方面的内容:(1)这门课主要是介绍什么的,是否适合自己学;(2)如何学这门课。前者涉及教案的介绍设计,后者涉及教案的学习活动设计。

(1)介绍设计

介绍设计,也就是我们常说的课程介绍,主要包括课程名称、课程概要、课程目标、适合人群四部分。

① 课程名称

课程名称是对线上课程主题的概括提炼,一般不超过 20 个字。为了让家长有所收获,设计者必须聚焦一个主题,然后进行详细阐述,使家长一课有一得。因此,课程名称应聚焦主题,精准提炼。

课程名称可以采用陈述句式,也可以采用疑问句式,见表 3 - 4。

表 3 - 4 　课程名称表述方式

陈述句式	疑问句式
1. 正确看待孩子的不诚信行为 2. 给孩子树立遵纪守法的榜样 3. 不要强迫孩子分享 4. 孩子撒谎的三大原因 5. 孩子上网抄作业的三大原因	1. 孩子为什么发脾气 2. 你是否对孩子使用过"冷暴力" 3. 如何应对孩子的"不听话" 4. 为什么有些孩子不自信

② 课程概要

课程概要是对课程内容的简要概述,可以直接切入主题,让家长直观了解课程的主要内容,也可以从社会现象入手概述课程的背景和主要内容。课程概要应言简意赅,一般不超过 200 字。

③ 课程目标

课程目标是对家长学习某节课程所能达成的目标的描述。因为每节线上课程的时长往往控制在 5 至 10 分钟,所以课程目标通常比较小,聚焦一个知识点或一项微技能的习得。因此,课程目标应微观、聚焦。

④ 适合人群

从适合人群来看,课程一般分为两种:一种是普适性的课程;一种是指向性的课程。普适性的课程一般面向幼儿园、小学、初中和高中不同年级的家长;指向性的课程一般面向特殊家庭(如离异家庭、流动家庭)和特殊儿童(如智优儿童、自闭儿童)的家长。教师在教案中要从家长的实际需求出发进行讲解。

(2) 学习活动设计

学习活动设计是指用怎样的方式来呈现线上课程中讲授的相关知识和技能,应注意以下几点。

一是概念明确。开篇时,教师要对讲授主题中涉及的概念进行简单介绍,便于家长理解。

二是逻辑清楚。教案可按照"提出问题—思考问题—解决问题"的框架进行设计。导入的案例要鲜活可信,能够发挥示范作用;思考要直击要点,实现理念引领;策略要切实可行,具有可操作性。

三是提供佐证材料。教师要提供与讲授内容相关的佐证材料,如活动方案、照片、视频等。照片应清晰、背景简洁、主题突出;视频要与主题相关,画面稳定,画质清晰。

四是注意语言转化。教师要将书面语言适度转化为口语,方便讲授时直接使用。

五是注意把控字数。教案正文字数控制在 1500 至 2500 字为宜(口语表达时一般 200 字/分钟),以问题为导向,用实例切入,切忌内容空泛。

另外,为了让家长在碎片化的时间轻松、高效地获取信息来建构、迁移和应用,设计者需要遵循四个基本原则:(1)简洁,对于设计来说,简洁是非常重要的,学习活动的设计也不例外;(2)真实,只有真实、贴近家长家庭教育实践的内容才能引发家长的共鸣;(3)生动,内容不枯燥,让家长能看懂,快速进入学习状态;(4)有意义,聚焦主题,关注家长的获得感,让家长一课有一得。

(3) 课件设计

课件是对教案内容的高度概括与凝练,应简洁清晰、重点突出。设计者可以用图片、表格等多样化的形式来辅助展示内容。

案例:"家长如何应对青少年的叛逆心理"课程教案

表 3-5　课程介绍

课程名称	家长如何应对青少年的叛逆心理
知识点	家长要正确应对青少年的叛逆心理 了解青少年叛逆心理的表现及危害 了解青少年叛逆心理的形成原因 掌握正确的教育方法
课程目标	围绕孩子成长过程中可能遇到的问题,通过通俗易懂的语言和科学严谨的内容,为家长解答养育孩子的困惑,传递实用的家庭教育知识
关键词	青少年、叛逆心理、严格、理解、沟通

正文：

各位家长好,欢迎走进今天的家长课堂。

本期我们谈谈家长如何应对青少年的叛逆心理。

处于叛逆期的青少年的主要行为表现包括:不喜欢按照别人说的去做;认为绝大多数规章制度都是不合理的;如果家长再三叮嘱同一件事会使他们感到厌烦;一旦决定做某件事,不管别人怎样劝阻,他们也不会改变想法;别人越是不让他们做的事,他们越要去做。

如果缺乏正确引导,可能会导致青少年形成多疑、偏执、冷漠、不合群、对抗社会等病态性格,甚至产生犯罪心理和病态心理,从而走向极端。

我们常说,没有无缘无故的爱,也没有无缘无故的恨。青少年为什么会出现叛逆心理呢? 这得从青少年叛逆心理产生的源头说起。

原因1:家长缺乏民主意识

一些家长总是认为孩子还不成熟,要绝对服从家长,不能有自己的看法,否则就是"忤逆家长""和家长对着干"。

原因2:家长对子女教育急于求成

一些家长的教育方法简单粗暴,经常无视孩子的自尊心和心理承受能力,特别是在孩子有过失的时候,他们不是与孩子一起分析错误,商量补救办法,而是责骂甚至殴打孩子。

那么,家长应如何应对青少年的叛逆心理呢?

方法1:理解尊重

家长要像尊重成年人一样尊重孩子,聆听孩子的诉求,关爱、赞赏孩子,像朋友一样对待孩子。另外,孩子是一个独立的个体,不是家长的附属品,家长应相信孩子并放手让孩子处理自己的事情。

方法2:换位思考

孩子对世界有着独特的理解方式和表达方式。家长应学会从孩子的角度分析问题,理解孩子审视世界的方式。遇到分歧,家长要设身处地、将心比心,从孩子的角度出发,多考虑孩子的处境与难处。

方法 3：沟通交流

家长与孩子沟通是有一定技巧的：(1)学会倾听孩子的诉求,关键在于少说多听；(2)注意沟通的语气,关键在于少用责问的语气,多用商量的口吻；(3)学会运用肢体语言,抱抱孩子,轻拍孩子的后背都能很好地拉近亲子关系。尤其是在孩子遭遇挫折时,家长肢体上的亲近更能起到安抚孩子情绪的作用。

方法 4：陪伴孩子

家长要多抽时间陪伴孩子,参与孩子的活动。家长可以带孩子参加社会实践活动,也可以带孩子参加人际交往活动,让孩子体验成长的快乐。

方法 5：用好榜样

家长要鼓励孩子结交正能量的朋友,让小伙伴发挥榜样示范作用。但家长要切记,不要拿孩子的弱项与小伙伴的强项比较、在孩子的伤口上撒盐,否则可能会导致孩子疏远小伙伴,产生逆反心理。

方法 6：冷处理

当孩子非常激动时,家长要学会冷处理,放一放,让时间淡化冲突,等孩子情绪平缓后再用写一封信、写一张纸条等孩子易于接受的方式,向孩子讲道理,给孩子提建议。

本节课,我们给家长分析了青少年产生叛逆心理的原因以及应对措施,希望能对家长有所帮助。

2. 线上课程的脚本设计

在线上课程录制前,需要进行脚本设计。脚本是课程设计人员与资源建设人员沟通的桥梁,是保障资源建设符合课程设计需要的重要工具。简单来说,就是把教师的教案、相关的资源用视频语言展现出来,脚本设计者需要思考在哪些地方切换课件、在哪些地方插入佐证视频、在哪些地方用花式字幕标记重点等细节。脚本设计应包括六个要素。

一是编号。编号是脚本设计中用来规定时序的工具,以编号来确定文本描述画面的先后顺序。

二是画面主题,即当前画面描述的主题。

三是画面内容,即用文字把当前画面的主要内容描述出来。

四是媒体形式,即对某个画面涉及的媒体要素进行描述,如视频、音频、文字、图片。

五是媒体效果,即对媒体需要达到的效果进行描述。

六是备注,即注意事项,对拍摄角度、资源建设等特殊需求进行描述。

(三)课程视频的制作

教案和脚本制作完成后,便可以进行线上课程的录制与剪辑。

1. 线上课程的录制

随着多媒体技术的发展,录制视频已不再是难事。从简单到复杂,录制方式可以分为以下几种形式。

(1)办公软件录制

利用办公软件 PowerPoint 自带的屏幕录制功能,录制者可以在做好课件、设计好呈现的动画效果后,点击该软件的"屏幕录制"功能,对照着课件呈现的内容边讲边录,可以参考图 3－12。录制完成后,将录制内容保存为 mp4 格式的文件即可。

图 3－12　PowerPoint 自带的屏幕录制功能操作页面

(2)手机录制

手机是人们生活中不可或缺的工具,目前手机的性能越来越高,各种应用软件的功能也很完善,使用手机录制视频越来越便利。

① 参数设置

建议采用横拍画面,像素选择"1920 ＊ 1080",帧率选择"30 帧"或者"25 帧",不要认为帧率越大,拍摄出来的效果会越好,帧率大虽然会使画面更清晰,但是也会占用较大的手机内存空间,甚至还会使视频出现卡顿的情况。这两个参数在不同系统的手机中有不同的设置方法,见图 3-13 和图 3-14。

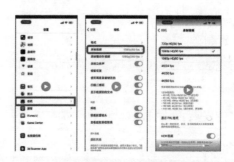

图 3-13　iOS 系统手机的参数设置方法

图 3-14　安卓系统手机的参数设置方法

② 视频录制

建议采用中景、半身人像的方式录制,人物面部曝光正常,背景不杂乱,整体画面整洁明亮,安静无噪声。把课程教案输入到提词器软件中,按照讲授者的语速,设置自动滚动或手动滚动,即可开始录制。

推荐使用手机三脚架(见图 3-15)、补光灯、提词器等辅助工具,同时还可以根据自己的喜好,选择美颜工具进行录制。

图 3-15　手机三脚架

（3）专业设备录制

有条件的学校可以借助专业的照相机、摄像机进行课程录制。专业设备录制对场景、设备、人员的要求较高，但制作出来的视频效果更好。访谈、讨论类视频更适合采用多机位的形式录制，见图 3-16。

图 3-16　访谈类视频录制现场

讲授者作为视频课程中的核心元素，其讲解时的语速、讲解风格和节奏直接影响着视频课程的质量。讲授者在进行真人出镜的视频课程录制时，需要注意以下几点。

一是把书面语言转变为视频语言。视频课程侧重于讲授者的"讲"，因此，如何把严谨的书面语言转变为通俗易懂的视频语言，是讲授者需要掌握的重要技能。

二是把握好节奏。讲授者需要根据讲解的内容变换语速、调整节奏，适当添加口语表达的修饰要素，进行语调、节奏、语速的设计，让课程内容生动、活泼。讲授者要将讲义"讲出来"，而不是"读出来"或"背出来"。

三是肢体语言与媒体的配合要自然。很多讲授者面对镜头时会紧张，尤其是在有提词器的情况下，肢体语言比较僵硬，与媒体的配合不够默契。为了达到更好的录制效果，讲授者在录制前可以对着镜子多排练几遍，并提前进行手势、眼神、表情等方面的设计，确保在录制时神情自然，同时让课程具有"可读性"。

2. 线上课程的剪辑

录制完成后，需要对视频课程进行处理，除了及时切换课件外，还可以在视频课程中加入字幕、图片、动画等素材，使表现形式更加丰富。如果请专业人士拍摄，后期制作也可以交由他们完成。

处理内容：视频采集、内容剪辑、调色、美化音频、添加字幕、导出等。

工具推荐：剪映、premiere(Pr)。

操作步骤：打开工具—新建项目—导入素材—视频处理—导出（见图 3-17 和图 3-18）。

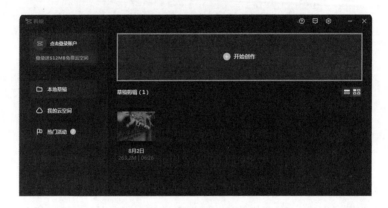

图 3-17　操作步骤示例 1

图 3-18　操作步骤示例 2

（四）课程资源的上传

线上课程制作完成后，可以上传至家长学校的学习平台供家长观看学习；也可以采用"推文＋视频"的形式进行宣传。家长学校要增强版权意识，尊重参与编写、拍摄、制作人员的劳动与付出,不要随意把相关课程上传至某些共享平台或直接分享到家长群,以免被盗用。

第二节 如何开展富有成效的教学活动

一、教学活动的主要形式及策划实施

根据开办家长学校的目的和意义,可以把家长学校的教学活动分为四个模块:(1)家校沟通模块,该模块的教学活动主要包括家长会、家访两种方式,主要由班主任承担;(2)提升家长家庭教育素质模块,该模块的教学活动主要包括主题讲座、主题沙龙两种方式,主要由家庭教育讲师承担;(3)指导家长解决家庭教育难题模块,该模块的教学活动以家庭咨询为主,主要由家庭教育咨询师承担;(4)家长深度参与学校管理模块,该模块的教学活动主要包括校园开放日活动、亲子活动、志愿者服务活动,需要家长学校的管理人员统筹策划。

随着信息化的发展和数字时代的到来,教育的方式发生了巨大的变化,家长学校的教学活动从单一的线下模式逐步转变为线上线下融合发展的模式。家长学校的教学活动有哪些特点? 适合线上举办、线下举办还是适合线上线下融合发展? 又该如何策划、组织、实施呢?

(一) 家长会

家长会是一种传统的家校沟通方式,而且是最主要、最普遍的方式之一,家长会是由教师(一般是班主任)以班级为单位组织所在班级内所有家长共同参加讨论学生在校在家表现情况,并提出适当解决办法的会议。[①] 家长会按照组织形式可以分为班级家长会、年级家长会和全校家长会三种类型。家长会的功能一般包括沟通学生的教育情况、发布学校相关重大信息、开展家庭教育指导。家长会一般在学期初和学期末各召开一次,由学校统一规划时间。家长会属于群

---

① 殷飞.班主任的家校沟通[M].上海:华东师范大学出版社,2013:47.

体性指导。

家长会作为传统的线下家校沟通方式,之所以能传承至今,是因为它自身的优势。家长会为家长和教师提供了面对面交流的机会,这在一定程度上保证了双方能进行真诚的沟通。但家长会也有不足之处。其一,次数较少,无论是哪种类型的家长会,每学年召开的次数都非常有限,很难满足家长和学校、教师的交流需求;其二,家长的个体需求很难得到满足,因为是群体性指导,且时间有限,学校、班主任很难和每位家长进行深入的沟通,家长也很难细致了解孩子的在校情况,很少有机会向班主任反映孩子的在家情况,沟通基本上体现为学校的单向输出。

除了在线下召开,家长会也可以在线上召开,但一般情况下,为了向家长展示学校的风貌,为了让家长及班主任彼此更加熟悉,便于沟通,学校通常会采用线下家长会的形式。

传统家长会中,班主任以"竹筒倒豆子"的方式对班级存在的问题进行反馈,学科教师则从专业角度对学科测试标准、难易程度等进行分析,而无论是教师,还是家长,关注的重点往往都是学习成绩,这使得学习成绩较差的学生及其家长都害怕学校召开家长会。随着时代的发展,家长的知识结构、文化层次、认知水平不断提高,家长越来越注重对孩子教育的投入,家长对家长会的要求也越来越高,他们不仅希望通过家长会了解孩子的在校情况,而且希望了解学校的管理理念,希望得到具有针对性的家庭教育指导。因此,在新时代背景下,策划召开家长会,需要注意以下几点。

1. 关注每个学生,满足家长全面了解学生在校情况的需求。学生是受教育的主体,无论是什么形式的家长会,其目的都是让学生得到更好的教育。因此,家长会的主角应该是每个学生,家长会的目标应该是助力每个学生的成长,家长会理应让每位家长都能了解到自己孩子在学校的实际情况。

2. 家长会的交流内容不应该局限于学生的学业成绩和在校表现,还应该包括学生的心理健康状况和学校的教学理念、教学目标、校园文化、家庭教育指导等内容,从而让家长更深入地了解学校建设,从而积极主动地参与家校共育。

3. 根据家长会的主题与内容,应创新家长会的召开形式,杜绝"一言堂"式家长会。

那么,如何策划、组织、实施一场家长会呢?

一是明确家长会的目的和主题,确定家长会的召开形式。在召开家长会前,应该明确本次家长会需要达到的目的和主题(如向家长反馈孩子的在校情况、了解孩子的在家情况、对家长进行主题式的家庭教育指导)。只有明确了目的和主题,才能确定家长会的召开形式。

二是制定家长会召开方案。方案应该包括目的、主题、形式、议程、出席对象、时间、地点、资料准备、人员分工及职责。

三是拟定和发放通知。通知应该包括对家长的称谓、家长会的目的、主题、时间、地点、出席对象、会议注意事项及需要家长协助的事情、代表学校的落款与通知发出的日期。学校应该提前一至两周的时间,以书面形式或电子文件的形式把通知发送到每个学生的家长手中,同时在学校门口的宣传栏、电子屏、学校网站、学校微信公众号等醒目处发布通知,从而达到告知及宣传的目的。

四是家长会的相关准备及召开。这部分主要包括会场指引、卫生间指引、停车指引、会场内的布置、发言稿及相关会议资料的准备。学校应该做到,凡是会议所需的相关设备要提前检查,确保正常使用;凡是展示、下发的资料要提前校对、审核,按人数准备充分。

五是家长会总结与反馈。家长会结束后,班主任应该及时回访及跟进、总结家长会取得的成果及存在的不足。

（二）家访

家访也是一种传统的家校沟通方式,主要是指教师(一般是班主任)深入学生家庭了解学生的家庭背景、家庭状况、家庭教育环境和学生的性格特点等,与家长交流学生各方面的表现情况,其目的是家校双方共同交流、讨论教育学生的途径、方法和措施,从而促进学生健康成长。家访属于个别化指导。

在数字时代,家访仍然是家校沟通不可或缺的一环,这与家访自身的特点息息相关。

1. 家访可以让教师全方位了解学生的信息,包括家长的受教育程度、对孩子的管教方式、对家庭教育重要性的认知程度、学生的兴趣爱好等,从而有利于教师和家长在教育观念上达成共识。

2. 家访有利于教师和家长进行情感交流,提高家长对教师的信任程度。教师与家长平等、真诚、面对面地沟通,可以使家长更容易接纳教师的观点,从而更容易形成教育合力。

3. 家访便于教师了解家长对学校管理、教师教育教学等方面的建议,有利于宣传学校的办学理念,有利于学校调整办学思路,提高教育质量。

4. 家访有利于丰富教师的教育经验,提高教师的教育水平。

家访不是一件简单的事情,成功的家访会拉近家长与教师的距离,让家长更愿意配合学校的相关工作。那么,如何开展家访工作呢?

一是明确家访的目的。家访的目的是根据班级的工作需要来确定的,有时是为了了解学生的家庭环境、家长对家庭教育的认知、家长的教养方式、学生的性格特点等;有时是为了向家长反馈孩子的在校情况,与家长在教育观念和方法上达成一致;有时是为了加强家校联系,让家长更了解学校。

二是掌握学生的相关情况,准备相关材料。在家访前,教师要全面了解学生的在校情况,准备相关材料,形成家访设想。班主任还应该注意客观、公正地评价学生。

三是选择合适的家访时间。家访最好放在家长的休息时间。教师要提前与家长进行沟通,以示对家长的尊重,同时让家长做好充分的思想准备。

四是注重交流的艺术。教师在态度上要尊重家长,不用教训式语气;语言上要得体,掌握好分寸,不用过激词语,不咄咄逼人;方式上要循序渐进,在交流学生身上存在的问题时,宜先强调学生的优点,再指出学生的不足,并给出具体的家庭教育指导建议。

五是做好家访记录与反馈工作。每次家访后,教师都应该详细记录家访的过程、与家长达成的共识、家访中受到的启发及发现的问题,并根据学生在学校的表现及家访中掌握的信息,对学生进行重新分析和评估,调整针对学生的教育措施。

（三）讲座

讲座属于群体性指导,以主讲人讲授为主,偶尔有一定的互动,适合传播普适性的家庭教育规律、理念和方法等。主讲人可以是外请的家庭教育专家、心理学专家、社会学专家等,也可以是学校培养的家庭教育讲师。主讲人既要具备一定的理论水准,又要具备相关的指导经验。

讲座可以是线上的,可以是线下的,也可以线上线下相结合。线上讲座主要分为直播和录播两种形式,讲座结束后,家长可以反复观看相关视频,加深对讲座内容的理解。线上讲座相较线下讲座有以下几个优点:(1)地点相对不受限制,能够让身处不同地方的人方便、快捷地听到讲座内容;(2)空间相对不受限制,能够让更多的家长参与到讲座中来;(3)时间成本相对较低,能够节约主讲人和家长的时间;(4)信息记录方式更多元,家长能够用截屏、录屏等方式准确、全面地记录讲座内容。线上讲座也存在不足之处:(1)缺少现场感、氛围感,缺乏眼神交流,主讲人难以根据家长的反应调整讲述的节奏或内容;(2)对网络及服务器要求较高,易出现卡顿、延迟、黑屏、无法连接等问题;(3)对主讲人的设备操作技术要求较高,电子设备是主讲人与家长沟通的桥梁,主讲人必须熟悉相关设备的操作方法,避免发生因设备操作不当而影响家长学习体验的情况。

线下讲座的优势体现在两方面:(1)主讲人可以根据家长的反应把控讲座的节奏;(2)面对面的教学方式使得家长和主讲人之间互动性强,体验感远远强于线上讲座,更容易保证讲座效果。但是,线下讲座容易受时间、空间、地点的限制,对于主讲人和家长来说,时间成本、交通成本也相对较高。

线上线下相结合,可以在一定程度上弥补上述不足。在后面的章节,我们会具体分析线上线下相结合的活动优势及实施方式。

如何策划、组织一场讲座呢? 我们以线下讲座为例进行说明。

一是多渠道了解家长的需求,确定讲座主题。可以通过发放调查问卷、在班级群里组织讲座主题投票等方式,了解家长的真实需求,结合班级当下的工作以及学校的工作安排,确定讲座主题。

二是搜集、整合信息,确定主讲人及讲座时间。讲座主题确定后,主讲人的选择非常关键。主讲人的专业程度、口才等都会影响讲座的效果。因此,组织者需要对主题相关领域内的专家、学者以及家长资源进行分析、判断,通过不同的渠道和方式对相关信息进行收集、调查和甄别,最终确定合适的人选(最好有备选人或其他替代方案),并确定讲座时间。

三是拟定并下发通知,邀约家长参加讲座。组织者可以通过张贴海报、悬挂横幅、电子屏幕滚动播出、学校公众号推文等形式做好前期宣传。

四是布置会场,确定人员分工。根据参与人数选择合适的讲座场地,并在讲座开始前确认电脑、话筒、音响、投影仪或电子屏等设备能够正常工作,安排专业人员候场,以防出现突发状况;安排工作人员接待、引导主讲人;安排工作人员做好现场签到、秩序维护、互动环节的支持等工作;安排专人拍照、记录讲座过程。

五是在讲座结束后进行满意度调查,听取家长的意见,为后期开办讲座打好基础。

（四）主题沙龙

在教育孩子的过程中，家长会遇到各种各样的问题，他们迫切需要处理这些问题的家庭教育知识和方法。虽然家长在讲座中获得了大量的家庭教育知识，但是把通识性的知识运用到具体环境中，进行具体问题具体分析，对不少家长来说还有一定的难度。很多家长更倾向于从贴近他们实际教育生活的例子中去学习，因此，优秀家长在教育子女过程中形成的实际经验和心得体会，最能满足家长的需要。家庭教育指导者可以利用沙龙的方式引导家长去辨析理念、体验规律和获得理性的认识。这就要求指导者在主持和总结的时候给予家长指导，从而达到主题沙龙举办的目的。

主题沙龙属于群体性指导，围绕提前确定好的活动主题，将有相同家庭教育问题的家长聚到一起，通过提问、辨析、讨论、游戏等多种互动方式，鼓励家长积极发言，帮助家长清晰地认识到问题产生的原因，找到解决问题的方法。主题沙龙一般由校外的家庭教育专家或校内的家庭教育讲师把控节奏，抛出相关话题，引导大家进行思想的碰撞。

主题沙龙具有以下几个特点：（1）规模小，参与人数有限；（2）互动性强，沙龙更强调家长的参与，给予家长充分的话语权，鼓励家长分享自己对某一问题的认识及解决办法；（3）针对性强，主题内容更聚焦，主题对象更明确。

主题沙龙与讲座一样，可以线上举办，可以线下举办，也可以线上线下相结合。与讲座不一样的是，主题沙龙无论是线上，还是线下，都强调家长的互动性、参与性。

沙龙的策划、组织方法与讲座类似，最大的区别在于沙龙的参与人数较少，互动性较强。因此，沙龙的策划、组织要注意以下几点：（1）确定主题后，选择有同质性的家长进行邀约；（2）为了保证互动效果，要注意控制沙龙的人数；（3）要注意限制参与沙龙人员的分享时间，以免沙龙变成个别人的"表演大会"。

案例：上海市第二师范学校附属小学的实践

上海市第二师范学校附属小学坚持每月组织开展一场家长茶座活动，邀请专家、优秀家长为报名的家长开办主题式精彩讲座。学校乐于为家长创建这样的平台，共同助力孩子的成长。"智慧育儿"家长茶座部分活动菜单见表3-6。

表 3-6　"智慧育儿"家长茶座部分活动菜单

序号	主题	主讲人
1	孩子、教师、家长	杨浦区未成年人心理健康辅导中心的心理咨询师志愿者、国家二级心理咨询师陈德隽
2	家校携手,智慧育儿	杨浦区未成年人心理健康辅导中心的胡菁老师
3	成长的故事 ——小学阅读与语文学习	《东方娃娃》主编余丽琼
4	2021 年体育中考政策解读	教初中体育的杨老师
5	智慧育儿大家谈	优秀学生家长
6	陪孩子在科创大道上放飞自我	杨浦区青少年科技站副站长周建军
7	亲爱的孩子和可爱的爸妈	国家二级心理咨询师、中国科学院硕士研究生刘怀宇
8	是什么"点燃"了我的焦虑	中国人民解放军海军军医大学医学心理学博士、国家二级心理咨询师董薇
9	真诚沟通,科学育儿	国家二级心理咨询师、少儿心理咨询师吴椿蕾
10	"正面管教"让父母和孩子都成为更好的自己	优秀学生家长

（五）家庭教育咨询

家庭教育具有一定的规律,家庭教育指导者的主要职责就是把家庭教育的相关理论、知识及方法传授给家长,让家长在科学的家庭教育理念指导下对孩子进行教育。这种指导对部分家庭来说已经足够,但是对于家庭教育存在重大问题的家庭来说,仅仅是家庭教育指导并不能解决家长遇到的家庭教育难题,他们还需要指导者具体问题具体分析,抽丝剥茧,持续性给予他们指导。家庭教育咨询应运而生。

家庭教育咨询是指由同时具备心理健康教育知识和家庭教育知识的专业人员或取得了家庭教育咨询师资格证书的教师为家长提供专业的咨询和辅导。家庭教育咨询师需要运用教育学和心理学的理论与方法,为家长提供专业的分析、诊断以及矫正方案,帮助家长解决家庭教育中一些比较棘手的问题,比如,逃学、厌学、考试焦虑等学习问题,打架、偷窃、违纪等品行问题,逆反、沟通障碍等亲子关系问题,焦虑、抑郁、恐慌等精神问题,以及人际关系、青春期异性交往等问题。

家庭教育咨询具有以下几个特点:(1)家庭教育咨询以问题家庭为对象,开展严谨、系统、有计划、有目标、有方法、有效果评估的完整科学的指导;(2)家庭教育咨询要进行长期的跟踪指导,要针对问题家庭存在的问题,寻找原因,给出指导策略,一步步帮助相关家庭化解矛盾,促进家庭教育取得预期效果;(3)家庭教育咨询工作由家庭教育咨询师承担;(4)家庭教育咨询师要对问题家庭反馈的情况和每一次的咨询指导情况进行保密,对问题家庭的隐私权给予尊重和法律上的保证。

根据家庭教育咨询师面对的对象,可以把家庭教育咨询分为面向小群体的团体咨询(团体辅导)和面向个体的个案咨询(个别辅导)。个案咨询(个别辅导)在线上和线下均可开展,团体咨询(团体辅导)适合在线下开展。如何进行个别辅导呢?

一是了解家庭情况,搜集相关材料。搜集指导对象的相关材料,既包括学生的基本情况(如学生所在年级、年龄、个性、身体状况、特长、生活及学习习惯、学习成绩)、学生的各方面表现(如学生在家表现、在校表现)、学生的问题表现(如出现了什么问题、有什么样的具体行为)、学生最近发生的事情,又包括家长的基本情况(如家长的性格、职业、学历、教养方式)、家庭环境(如住宿环境、教养环境)、亲子关系以及沟通模式。

二是分析个案问题,寻找问题产生原因。针对搜集到的资料,运用心理学及家庭教育领域的知识对问题进行分析,找出问题产生的真正原因。

三是形成分阶段、分步骤的详细解决方案。针对问题产生的原因,提出有效的解决办法,给家长提供具有可行性的建议,改变家长错误的教育观念和方法,帮助家长构建和谐的家庭教育环境。

四是追踪个案,搜集反馈信息,及时总结、优化,做好记录存档工作。个案问题的解决不是一蹴而就的,家庭教育咨询师需要不断调整指导的方法和手段,要经历"分析—指导—反馈—再分析—再指导—再反馈"的过程,不断循环往复,直到问题解决。

团体辅导是在团体情境下进行的一种心理咨询形式。它借助团体内的人际交互作用,促使个体在交往中通过观察、学习、体验,认识自我、探讨自我、接纳自我,调整、改善与他人的关系,学习新的行为方式。[①] 团体辅导的策划、实施包括以下几方面。

一是确定团体辅导的主题、性质、目标。了解家长群体的基本情况(包括年龄、职业、性别、亲子关系、亲子沟通模式等),了解他们需要解决的问题和希望达成的目标,思考应该采用哪种类型的团体辅导方式。

二是查找、搜集、阅读文献资料,为团体辅导方案设计提供理论支持。了解是否有人开展过同类团体的辅导工作、是否有可以借鉴的经验及需要注意的事项。

三是撰写团体辅导方案,并按照方案实施。方案包括团体辅导的领导者、助手及二者的分工,团体辅导对象的甄选,团体辅导的形式、时间、地点、内容、流程及所需的相关材料,团体辅导的效果评估方法及追踪记录。

(六)校园开放日

校园开放日是学校为了向家长展示学校环境、教学设施、教学理念、教学氛围、师资力量及取得的成就等,加深家长对学校的了解,提高家长对学校的认同感而设立的线下的开放参观活动。校园开放日是家长了解学校的一扇窗口。校园开放日属于群体性指导。

按照开放的内容,校园开放日可以分为以下几种形式。

一是校园设施开放。学校通过开放餐厅、食堂、活动场地、文化长廊、荣誉展室等来展示学校的育人环境及教育教学成果。

二是班级课堂开放。学校通过开放特色课堂或日常授课课堂,安排家长自主听课,展示教师的教学能力及学校的教学水平。

三是特色活动开放。学校通过展示文艺、体育、实践性的特色活动,让家长了解学校的办学理念和办学水平。

校园开放日是一场有计划、有准备、有组织的展示活动,是家长直观了解学校的一种有效手段。

校园开放日开放目的不同,开放的内容也会有所不同,开放日的方案也就多种多样,但一般都会包括主题、目的、时间、对象、内容、人员分工、注意事项等。

---

① 樊富珉.团体咨询的理论与实践[M].北京:清华大学出版社,1996:1.

（七）亲子活动

亲子活动是由家长和孩子共同参与、合作进行的一系列活动,根据策划、组织者的不同,可以分为校级亲子活动、年级亲子活动和班级亲子活动。无论哪种亲子活动,其目的都是增进孩子与家长的感情,密切亲子关系,促进学生的健康发展。亲子活动属于群体性指导。

高质量的亲子活动有以下几个特点:(1)家长和孩子共同参与活动;(2)亲子活动的类型很多,包括亲子运动会、亲子阅读活动、亲子春游(秋游)活动等;(3)亲子活动的趣味性很强,能够给家长和孩子带来乐趣,让双方在亲子活动中体会到合作的快乐;(4)亲子活动的目的比较明确,能够密切亲子关系,促进亲子沟通交流。

亲子活动种类繁多,我们可以通过以下案例来体会亲子活动的策划与实施。

案例:上海市崇明区实验小学的实践

上海市崇明区实验小学围绕"阅读节、科技节、体育节、感恩节、梦想节、中国节"六大校园节日以及寒暑假等时间点,配套开展"亲子阅读、亲子科普、亲子运动、亲子家务、亲子表演、亲子旅游"六大亲子活动。学校深入研究、精心打磨,在"基于阳光少年培育的'亲子活动'课程开发与实施的研究"课题引领下,建立了统筹整合、经费保障、多维平台支持等机制,形成了可复制、可推广的"亲子活动"课程,明确了亲子活动的阶段性、适切性活动目标与要求,优化了亲子活动的组织形式与推进策略,组织了形式多样的亲子活动。在亲子活动中,家长的育儿理念、方法及家庭教育的质量都有了明显的提升。学校亲子活动分类见表3-7,校级亲子活动指导内容见表3-8,年级亲子活动指导内容(部分)见表3-9。

表3-7　学校亲子活动分类

育人目标	项目
彬彬有礼、诚朴敬爱	亲子家务、亲子旅游
乐于学习、善于思考	亲子阅读、亲子科普
喜爱运动、热爱艺术	亲子运动、亲子表演

表3-8　校级亲子活动指导内容

亲子项目	活动目标	活动内容
亲子运动	培养孩子对运动的兴趣,家长能主动参与到孩子的游戏、运动中	1. 开展调查问卷 2. 体育组教师提供运动指南 3. 在班级层面分享亲子运动中的故事
亲子科普	培养孩子乐观察、善实践的好习惯,鼓励孩子积极创造,发挥家长在亲子互动中的指导作用	1. 印发《家庭科普指南》校本读物,做到人手一册,并发放使用说明 2. 每月进行一次班级活动分享,并推荐优秀案例在学校微信平台上进行分享
亲子阅读	培养孩子广泛阅读的好习惯,引导家长在与孩子共同阅读的过程中更好地理解儿童世界,倾听儿童心声	1. 举行启动仪式 2. 分年级发放推荐书目 3. 分班级邀请家长代表进行亲子阅读分享 4. 评选书香家庭、阅读小达人,并与闵行蔷薇小学进行交流分享
亲子表演	让家长与孩子共同感受艺术的魅力,并以欣赏的眼光发现孩子对艺术的喜爱和追求,不功利,不盲目	1. 针对高年级琴童考级较多的现象,召开五年级艺术专题分享会 2. 举办分年级亲子表演专场活动,推荐有代表性的节目参加校级艺术节闭幕式
亲子家务	家长能放手让孩子参与力所能及的家务劳动,培养孩子的家庭责任意识,让孩子学会担当	1. 建议一年级学生学会叠衣服,将物品摆放整齐 2. 建议二年级学生学会整理房间、择菜、洗菜 3. 建议三至四年级学生在家长的指导下烧制一道菜 4. 建议五年级学生参加采摘活动,能独立烧制一道菜
亲子旅游	能以旅游为契机,培养孩子沟通、协调、思考等能力	1. 列入暑期活动菜单 2. 学校在"我的旅途我做主"主墙面进行分享并在微信平台进行推送

表 3-9 年级亲子活动指导内容(部分)

亲子项目	活动对象	活动目标	活动内容	活动评价
亲子运动	一年级	通过开展趣味亲子运动会,引导家长关注孩子的身心健康发展需求,并能在日常生活中积极开展亲子运动	1. 邀请上海市崇明区教师进修学校专家来校就运动对儿童身心发展的重要性开办专题讲座 2. 召开趣味亲子运动会	1. 在活动闯关卡中完成情况记录,分享活动体会 2. 闯过 5 关可获得校级"乐活动"奖章
亲子科普	四年级	通过亲子共同体验科普实验、制作小制作等形式,使家长进一步了解学校全方位育人的办学理念,从而重视孩子创新能力的培养	1. 发放关于如何自制小火箭的指导说明书 2. 开办专题讲座 3. 邀请崇明生态科技馆流动科技站相关专家进校辅导学生 4. 邀请科普特色家庭进行育儿经验分享,同步组织学生观看科普电影 5. 开展多媒体实验、自制小火箭等 10 余个亲子体验项目	1. 对活动过程中的礼仪进行评价 2. 闯过 6 关可领取科普读物

案例:上海市金山区海棠小学的实践

上海市金山区海棠小学亲子活动项目类型见表 3-10。

表 3-10 上海市金山区海棠小学亲子活动项目类型

年级	亲子活动项目类型	
	实践体验活动	亲情交流活动
一年级	1. 家校半日活动、小红星入团活动 2. "我运动,我快乐"亲子运动会	我是小学生了(亲子寄语)
二年级	1. 入队活动 2. 果园半日游活动	亲子共夸
三年级	1. 雏鹰假日小队活动 2. "我十岁了"集体生日庆祝活动	我心目中的好妈妈(爸爸)

（续表）

年级	亲子活动项目类型	
	实践体验活动	亲情交流活动
四年级	1. 同台比技能活动 2. 快乐沙滩行活动	我和妈妈（爸爸）有个约会
五年级	1. 参观城市规划馆活动 2. 毕业典礼	妈妈（爸爸），我想对你说……

以下重点介绍上海市金山区海棠小学"行走的LOVE"爱心志愿服务项目。

"行走的LOVE"爱心志愿服务项目于2015年启动。项目以学校"星天地创意体验中心"小海星慈善中心为主体，由海棠共同体（7所学校）、共建单位（32家）、家长共同打造，旨在通过设立"星天地创意体验中心"小海星慈善中心，引导学生参与志愿活动，弘扬慈善精神，形成慈善之心。

实践体验，使志愿服务项目常态化。一是多方共建服务。从2015年"星天地创意体验中心"小海星慈善中心成立至今，学校成立了57支学生志愿服务团队、8支教师志愿服务团队、63支家长志愿服务团队。学校陆续和贵州、甘肃、河南、浙江、福建、江西等地的多所学校签约共建。各班级以亲子活动或雏鹰假日小队形式，定点定主题，前往敬老院、火车站、医院、社区、图书馆等地开展爱心志愿服务。二是假期志愿服务。寒暑假，学校发起以"行走的LOVE"为主题的爱心志愿服务活动，学生在教师和家长的带领下，积极参与各种爱心志愿服务活动，行走在金山图书馆、"金山好人"主题公园、医院和社区各个场所。

多元服务，使志愿服务项目特色化。2017年10月，学校"星天地创意体验中心"小海星慈善中心联合校级家长委员会共同推出"行走的LOVE"爱心志愿行动。10组家庭远赴贵州省塘房小学，开展为期一周的浸润式体验。师生和家长通过课程、研讨、结对等形式互相学习，深入交流。许多班级都自发与塘房小学相同年级的班级结成友谊班，一些学生与贫困地区的小伙伴进行了书信交往，学校共收到书信2000多封。2019年4月，15组家庭走进云南，为云南省普洱市思茅区第二小学等送去爱和温暖。学生带着金山区和海棠小学的特色微课程以及小课题研究，与云南的小伙伴进行了文化交流。

全员行动，使志愿服务项目品牌化。"行走的LOVE"爱心志愿服务项目于

2015年在上海志愿者网站上注册立项,学校2461名学生和全体教职员工都是志愿者。全体志愿者既是学校"星天地创意体验中心"的服务者,也是学校创建"上海市文明校园"、金山区创建"全国文明城区"的志愿者。2019年1月18日,"行走的LOVE"被上海市金山区精神文明建设委员会办公室正式列为志愿服务品牌。图3-19是活动剪影。

图 3 - 19 活动剪影

(八) 志愿者服务活动

志愿者服务活动是指学校主导策划实践活动,让家长参与到学校的管理中来,而家长则利用业余时间,自愿为学校和孩子提供各种各样的无偿服务。志愿者服务活动具有自愿性、无偿性、公益性等特点,属于群体性指导。志愿者服务活动一般是在线下开展的。

有研究者指出,家长志愿者服务活动对学校各方面的发展具有极大的推动作用。一是能够促进儿童成长,具体表现为:(1)有助于儿童掌握与成人交往的技能和学习的技能;(2)有助于儿童了解家长和其他志愿者的技能、才华、职业和贡献。二是能够促进教师成长,具体表现为:(1)有助于教师以新的方式鼓励家庭参与;(2)有助于教师了解家长的才能、家长对学校和孩子的想法;(3)有助于教师关注儿童的个体差异。三是能够促进家长成长,具体表现为:(1)有助于家长更好地理解教师的工作;(2)有助于家长相信自己有能力在学校进行工作;(3)能够让家长意识到家庭是受到学校欢迎和重视的。[①]

家长志愿者服务活动可以深入到学校的各个部门、各项工作。例如,家长参与食堂管理、参与教学评价、提供特色教学服务、参与活动策划、甄别社会资源

---

① Epstein JoyceL, et al. School, Family, and Community Partnerships: Your Handbook for Action [M]. Second Edition. Thousand Oaks, CA: Corwin Press, 2002:16.

等,是家校合作的有效形式。这种形式能补充学校的教育内容,优化学校的教育资源,促进家长与学校、教师、孩子之间的情感交流,达成家校合作的目的,从而实现共赢。

案例:上海市奉贤区江海第一小学的实践

上海市奉贤区江海第一小学创设了六大岗位,让家长积极参与学校的管理。学校邀请家长成为班主任助理、校园巡视员、午餐监督员、护校值日员、家长互助员和课程讲解员,让家长实际参与学校的管理,为学校的发展建言献策,为孩子创设安全、健康的学习环境。

案例:山东省东营市东营区第二实验幼儿园的实践

山东省东营市东营区第二实验幼儿园借助"资源组建—学习培训—活动指导—评估激励"这一运行程序[①],把家长志愿者分为安全护学组、课堂助教组、活动助理组三个小组,分别承担协助园所管理、拓宽教育资源、开展实践活动三大任务。该模式促进了家长志愿者的广泛参与,实现了教师、家长、幼儿的共同成长。

二、运用评价手段改进教学活动

为了更好地调动家长的参与热情,提高家长的积极性和活动开展的有效性,家长学校需要不断探索、创新教学活动的管理和评价模式。以下方式仅供参考。

一是做好签到工作,重视家长的参与率。

二是开展满意度问卷调查工作,并及时回应家长。通过调查,学校可以从家长角度审视活动的利弊得失,及时调整学校的工作内容、重点,为之后开展工作奠定基础。

三是树立典型,发挥优秀家长的示范作用。对于积极参与家校活动的优秀家长,学校可以通过评选"好家长""优秀家庭"等活动,激发家长的内在动力,也可以通过学校微信公众号、家长学校平台、家长群等,分享优秀家长在家庭教育指导中的好方法,从而带动更多家长学习家庭教育知识,参与学校的教学活动。

四是构建家长学习积分体系,鼓励家长积极参与学校的家庭教育指导活动。

---

① 隋慧慧.家长志愿者工作策略初探[J].新课程(小学),2016(9):1.

案例:上海市金山区海棠小学的实践

上海市金山区海棠小学鼓励家长志愿者积极参与班级、学校的各类活动,如班级的雏鹰假日小队活动、亲子活动,学校的迎新活动、主题活动,并在每次活动结束后为家长志愿者颁发荣誉证书和海棠币(海棠币是学校特有的评价模式)。每年,学校还会根据家长对教育的支持力度和对学校工作的参与程度,为优秀家长颁发"四有星家长"证书,鼓励家长成为有德、有爱、有才、有趣的"四有星家长"。

案例:上海交通大学附属黄浦实验小学的实践

结合家长参与家长学校各类课程学习取得的积分以及家长在家庭教育中的实践情况,上海交通大学附属黄浦实验小学对照"三心"家长的评选要求,评出"三心"家长。

积分由必修积分、选修积分、加分项积分构成,必修积分和选修积分的总分值为100分,加分项积分为100分之外的积分,加分项积分是学校"三心"家长评选的重要依据。积分构成见表3-11。

表 3-11 积分构成

类别	说明	分值
基础课程保知心 (必修积分)	必修积分满分为60分,合格分值为60分,完成该项课程学习,即可获得相应积分	60分
亲子课程护爱心 (选修积分)	由于该课程未上线,暂时全部实行满分赋分	40分
专题课程炼慧心 (加分项积分)	每完成一次专题课程学习加4分	4分/次
笔记 (加分项积分)	每复习课堂笔记或留言一次加1分	1分/次
回看名家讲堂 (加分项积分)	每回看一次名家讲堂加1分	1分/次
专家提问 (加分项积分)	每完成专家答疑提问或回复一次加1分	1分/次
线下活动 (加分项积分)	每参加一场线下亲子活动加1分	1分/次

▶ 第四章

师资队伍建设

『本章核心内容』

　　师资队伍建设是家长学校办学发展的关键。本章从师资队伍构成着手，建设性提出家庭教育指导能力建设的四大框架，以及家庭教育指导能力提升的具体路径，为家长学校的建设提供有力支持。

第一节　家庭教育指导师资队伍构成

一、家长学校师资队伍构成

目前,我国家长学校的师资队伍主要由学校的校长、德育主任、班主任、退休教师等人员构成,一般由班主任负责给家长授课,个别条件稍好的学校会聘请家庭教育领域的校外专家来为家长授课。实际上,由上述人员构成的家长学校师资队伍仍略显单一。另外,由于学校本身的教学任务和非教学任务都较重,大部分教师工作压力大,没有多余的精力来应对家长学校的工作,往往是把家长学校的任务当成负担草草解决,或是以为家长学校等同于召开家长会、进行家访,如此一来就弱化了家长学校的作用,缩小了家长学校的内涵,难以把家长学校的效用完全发挥出来。即使教师有热情做好家长学校的工作,有时也会因为家庭教育指导能力不足,使得家长学校的教学实践活动缺少针对性和实效性,不能有效回应家长的需求。

现在,家长的个人素质逐渐提高,对教育的重视程度日渐加深,而随着时代的发展,家长在教育孩子的过程中出现的问题更加多元,家长对家庭教育知识的需求也日渐多样,他们迫切希望得到专业的家庭教育指导,希望有人帮助他们解决家庭教育过程中遇到的问题。这就要求家长学校构建专业、稳定的师资队伍,为家长提供有效、实用、科学的家庭教育指导。

为了回应家长的多样化需求,家长学校的师资队伍应该尽量多元化。《上海市中小学幼儿园家长学校建设标准(试行)》中指出,应该努力"建成由学校教师和法律、心理学、社会学、家庭教育、德育、公共安全等领域专业人士共同参与,专兼职相结合,稳定的家长学校师资队伍"。

学校教师最了解本校学生的学习和成长情况,与家长的接触更多,因此最有可能知道家长对家庭教育知识和方法的实际需求,在对特殊学生的家长进行家庭教育指导时更有针对性,家长对学校教师较为熟悉,更愿意听取教师的意见。

但因为大多数教师所受的培训主要是为了教育学生，他们在家庭教育指导专业知识和教学方式等方面没有足够的储备和经验，很难满足不同家长的需求，这就需要借助校外的专业力量。由于家长不仅会担忧孩子的学业成绩，还会面对其他问题，如大多数家长在面对处于青春期的孩子时束手无策，不知如何与孩子沟通、交流，这就需要多个领域的专家对家长进行全面且专业的指导。专家的指导不仅能减少学校教师的家庭教育指导工作，还能提高家长参与家长学校工作的主动性和积极性。校外的家庭教育指导专家可以是部分专职，部分兼职。构建一支专兼职相结合、学校教师和各领域专业人员相互合作的师资队伍，更能确保家长学校的工作顺利推进。

案例：上海市崇明区实验中学的实践

上海市崇明区实验中学家长学校围绕加强家庭教育指导师资队伍建设进行了不断探索和实践，形成了基于家长需求的多元化指导师资队伍。一是由学校管理人员、专职心理教师和班主任组成的专业指导师资队伍。二是由家长学校聘请的具有一定家庭教育知识和指导能力，并定期为家长开展指导服务的优秀家长、社会有关单位代表、知名教育专家等组成的社区兼职指导师资队伍。三是由学校党员教师等组成的志愿者指导师资队伍。四是由村居干部组成的辅助指导师资队伍。

二、家、校、社协同建设家长学校

（一）发挥社会优势

家长学校自身拥有的资源是有限的，而社会资源能对家长学校的家庭教育指导资源进行补充，因此，家长学校应该充分挖掘社会资源，发挥社会资源的优势，推动家庭教育指导工作取得显著效果，惠及更多家庭。

1. 充分利用各种社会资源

（1）充分利用各类教育机构的资源

此处的教育机构是从广义上讲的，包括开展各种教育工作的机构和教育管理部门。这些教育机构拥有的资源可以促进家长学校的发展。一是大学。大学教师在某个领域钻研较深，专业程度较高，一方面，家长学校可以邀请在家庭教育领域有一定建树的大学教师担任顾问，为家长学校建设、家庭教育课程体系建设、家庭教育指导活动开展提供专业指导;另一方面,家长学校可以邀请大学教师为学校教师和家长开展培训,提高教师的家庭教育指导能力,引导家长掌握先进教育理念和科学养育方法。二是教育行政部门和教师培训机构、教研机构。2020年,教育部办公厅印发了《中小学教师培训课程指导标准(师德修养)》,明确把"家校协同与家庭指导"列为教师的研修主题,要求各地教育行政部门和各级教师培训机构、教研机构因地制宜、因时制宜为辖区内教师提供相关的培训课程。家长学校应该鼓励学校教师积极参与这些培训,利用好教育行政部门和教师培训机构、教研机构等提供的资源,加强家庭教育师资队伍建设。

(2) 充分利用其他家长学校的资源

行业内的交流有助于行业信息的扩散和先进经验的分享,从而对行业的发展产生促进作用,家长学校之间应该加强合作与交流。一是可以把不同的家长学校聚合在一起,举办以家庭教育指导为主题的沙龙和论坛,这样,各校都能获得先进的家庭教育指导经验,加深教师的体会和感悟。二是每个家长学校在家庭教育指导方面的优势有所不同,如果家长学校之间实现师资共享,就能实现优势互补。例如,A校缺乏指导家长营造良好家庭教育氛围的教师,刚好B校有这方面的教师,A校就可以邀请B校的教师来指导家长,这样既解决了A校师资缺乏的问题,又能充分利用B校的师资力量。B校也可以针对A校缺乏的师资来向其他家长学校请求帮助,如此便能实现互帮互助,资源共享。三是多个家长学校合作可以建立全面、丰富的家庭教育指导案例库。家庭教育指导案例库能够给家庭教育指导工作提供启发和指引,多个家长学校参与建设能让案例更加充实,方便依据不同的家庭教育指导主题整合相应的模块,供教师学习和参考。四是低学段的家长学校可以充分利用高学段的家长学校的资源,特别是优秀家长资源。例如,初中生的家长已经深刻体会到孩子在小学时有哪些教育重点,可能会遇到哪些教育难题,知道如何科学应对,如果请他们从家长的角度为小学生的家长提建议,交流时会更加顺畅有效。

(3) 充分利用卫生保健部门的资源

家长学校在开展家庭教育指导的过程中可以积极与卫生保健部门合作,为家长开办有关儿童健康成长和养育的多种讲座,增进学校和社会的协作。例如,家长学校可以依托卫生保健部门开办健康知识普及讲座,邀请医院或社区卫生服务中心的医务人员为家长普及关于预防和控制儿童传染疾病的科学知识,介绍水痘、手足口病等儿童常见病的发病症状、隔离措施和日常护理;邀请眼科医生为家长分享保持孩子眼部健康、预防和控制儿童近视的科学经验;邀请营养科医生为家长介绍营养与健康知识,提供儿童膳食指南,帮助家长科学抚养孩子。

（4）充分利用商业机构的资源

随着国家和社会对家庭教育的重视程度不断提升,参与到家庭教育指导中的社会力量日渐增多。如果家长学校自身的师资力量较为薄弱,则可以寻找专业、值得信赖的企业合作,通过学校采购的方式购买企业的家庭教育指导服务,如家庭教育指导师培训课程、家长培训课程,一方面提高教师的家庭教育指导能力,增强师资力量;另一方面为家长提供直接的家庭教育指导,协助解决家长的教育难题和困惑。在选择拟合作的家庭教育指导服务企业时,应该综合考虑对方提供的课程是否足够系统,师资力量是否足够强大,在家庭教育培训行业内的积累是否足够多。当然,也可以与其他家长学校交流沟通,咨询他们是否借助了社会力量来开展家庭教育指导工作,以及成效如何。

（5）充分利用社区的资源

社区作为一个微型社会,内部有多种资源可供家长学校挖掘和利用。一是社区的活动资源。社区内通常会举办亲子阅读、亲子游戏等亲子活动,家长学校可以积极与社区合作,参与到这些亲子活动的组织中来,在活动中向家长传播先进的教育理念和科学方法。例如,社区组织亲子阅读活动时,家长学校可以提供劳动实践、情绪管理、意志培养等主题的书籍供家长和孩子阅读,在阅读中寓教于乐,潜移默化地让家长认识到亲子阅读和亲子陪伴的重要性,掌握培养孩子优秀品质的有效方法。二是社区的信息资源。社区内部通常设有居委会（村委会）等机构,这些机构较为了解辖区内家庭的情况,家长学校可以积极与居委会（村委会）联系,获取学生家庭的相关信息,为家庭教育有困难的学生和家长提供帮助。三是社区的人力资源。家长学校要充分利用社区的人力资源,如团结动员社区内的老干部、老战士、老专家、老教师、老模范等参与家庭教育指导工作,邀请"最美家庭"的家长来讲述家庭的美好故事,积极发挥"最美家庭"的示范带动作用。四是社区的场地资源。社区内有公园、体育馆、社区公共空间等活动场地,家长学校在举办活动时充分利用社区的场地资源,既可以缓解学校活动场地有限的困境,又可以为社区增加活力。此外,家长学校还可以制作家庭教育先进理念标识牌、宣传画或标语,将其放置在社区的广场、花园等人们经常活动的公共区域,让家庭教育指导直达社区的最后一米。这些行为都有助于转变家长的家庭教育观念,激发家长的家庭教育行动,营造浓厚的家庭教育氛围。

案例:上海市实验学校西校的实践

上海市实验学校西校家长学校积极加强家、校、社联动,开展家长读书沙龙活动(见图4-1),拓展教育资源。根据2021年闵行区"家育手拉手"寒假主题活动的相关要求,学校与古美社区、古美社区学校指定合作的闵行区终身教育社会学习点大众书局·古美店,基于家庭教育中的相关问题进行了思考与探讨,开展了破解育儿难题的主题读书活动。活动至今已开展了43期,参与家长近千人次。

每次的家长读书沙龙活动主题鲜明,家长坐在一起读书交流,分享困惑和经验。这一做法有助于解决家庭教育中的实际问题和提高家长的家庭教育能力。很多家长主动报名参加家长读书沙龙活动。疫情期间,家长读书沙龙活动以线上会议的形式开展。

图4-1　家长读书沙龙活动

2. 促进社会力量参与家长学校建设

为了促进社会力量参与家长学校建设,应该注意以下几点。

(1) 转变观念

家长学校的教师要转变观念,认识到社会资源对家长学校建设的重要意义,摒弃家长学校建设只能从学校内部突破的观念。

(2) 平等合作

家长学校在与社会力量合作时,应该尊重对方,理解双方工作特点和方式的不同,以平等的姿态与其进行真诚的交流。

（3）互惠互利

合作双方必须朝着互惠互利、共建共享的方向努力。家长学校在利用对方资源的同时，应该尽量给对方带来便利，实现双赢，如此才能实现长期合作。

（4）积极反馈

家长学校在得到社会力量的支持后，应该主动向对方表示感谢。积极反馈有助于增强对方的参与积极性。

（二）发挥家庭优势

家长学校的发展离不开家长的信任和支持，家长学校应该积极主动地发挥家庭优势，让家长参与到家长学校的工作中来，实现合作共赢。

1. 有效发挥家庭优势的原则

家长群体中蕴藏着丰富的教育资源，家长学校如果能有效发挥家庭优势，就能事半功倍。家长学校在发挥家庭优势时应该遵循以下原则。

一是平等尊重原则。家长学校千万不能认为家长为家长学校的建设工作贡献力量是理所当然的事情，不能用一种命令的语气去要求家长配合工作，也不能大事小事都找家长帮忙，完全不尊重家长的感受。要知道，家长只有心甘情愿地支持家长学校的工作才能取得较好的效果，家长一旦产生怨言，就很可能在家长群体中形成负面效应，影响后续的家校合作和工作开展。因此，家长学校在希望家长提供资源时应该坚持平等尊重的原则，与家长多沟通，多站在家长的角度考虑问题，在平等合作的基础上，真正激发家长的奉献热情。

二是各取所长原则。家长学校在利用家庭资源前，应该先对本校学生的家长进行充分的了解，弄清楚家长各自具有什么特长，建立家长资源库，以便后期邀请家长提供资源时可以有的放矢，扬长避短。建立家长资源库的大致流程如下：在每学年开学初，家长学校对本校的家长资源开展一次深入细致的摸底调查，通过电子问卷调查或纸质问卷调查的方式，了解家长的兴趣、特长、工作性质、联系方式等信息，然后分类整合家长信息，形成系统的电子版家长资源库，为后期的活动举办奠定良好基础。需要注意的是，家长资源库不必局限于学生的父母，也可以拓展到学生的亲戚，甚至更广的范围；要根据学生和家长的变动适时更新家长资源库，确保在需要的时候能派上用场。

三是及时表彰原则。及时表彰是对家长积极支持和配合家长学校工作、主动提供资源等奉献行为的肯定与感谢，能让家长觉得自己的付出是值得的，满足了家长渴望得到认同和鼓励的精神需求。此外，对主动提供资源的家长进行表彰，还能激励其他家长积极参与到家长学校的工作中来，形成示范带动效应。表彰的形式多种多样，具体包括：（1）口头赞扬，即在家长提供资源支持后，当面或者利用电话等形式对家长的热心帮助进行感谢和赞扬；（2）平台赞扬，即利用学校网站、论坛、微信公众号等平台对提供资源的家长进行表扬，平台表扬可以让信息扩散得更广泛，吸引更多家长主动提供资源，同时能宣传家长学校的活动成效；（3）正式表彰，如可以在每学期的家长会或家长学校的总结会上举行正式的证书颁发和表扬仪式，激励更多家长参与到家长学校的工作中来，为家长学校提供更加优质的资源。

2. 有效发挥家庭优势的途径

（1）家长代表直接参与家长学校的管理

在建设家长学校过程中，应该充分发挥家长的力量，鼓励家长建言献策、贡献智慧，直接参与管理。家长学校服务的对象是学生家长，必须重视家长的真实需求和意见。然而，家长学校的教师毕竟与学生家长的立场不同，无法完全站在家长角度考虑问题，因此需要发挥家长的优势，鼓励家长代表参与家长学校管理，保障家长的参与权、知情权、决策权等基本权利。家长学校在公开选拔家长代表时，不能只考虑家长的学历背景、职业地位等，还要注重家长的代表性，如是否覆盖了全部年级的家长、是否有贫困生的家长，确保各方面的家长代表都参与其中。这样才能充分发挥家长代表的桥梁沟通作用，既保障各类型家长关于家庭教育指导工作的意见和建议都能传达给家长学校，又确保家长学校的通知和理念能传递给各方面的家长。

案例：上海市第二师范学校附属小学的实践

上海市第二师范学校附属小学家长学校的建立与实施离不开家长的配合，学校创立的"家长工作坊"就是家长帮助学校不断完善家长学校工作及其制度的有力抓手。"家长工作坊"下设家长沙龙部、智慧学堂部、规划发展部三个部门。其中，家长沙龙部根据各年龄段学生的特点，有针对性地开展家长茶座等活动，对家长进行家庭教育、心理健康、亲子阅读等方面的专项指导。智慧学堂部引导家长积极参与学校兴趣科目的教学工作，为学生提供社会实践资源，让学生走出校园，开阔眼界，丰富知识。规划发展部负责组织大型活动，参与校园文化环境的建设,参与征文、宣传交流、评选"附小好家长"等工作。

(2)积极推行"家长教育家长"

家长学校要善于发现在家庭教育方面有先进经验的优秀家长,发挥"家长教育家长"的独特优势。

一是定期举办家庭教育相关主题的比赛。家长学校要鼓励家长通过演讲、故事分享等灵活多样的形式分享自己的育儿故事和科学教育理念,从中发现家庭教育经验丰富的家长,以便在适当的时候邀请他们面向更广泛的家长群体进行家庭教育科学理念和方法的宣传与指导。

二是主动打造"家长教育家长"的平台,为充分利用优秀家长资源提供条件。例如,可以利用学校的官方网站、校园论坛、微信公众号、校园刊物等平台建立"家教指南"专栏,鼓励优秀家长撰写家庭教育相关主题的文章,介绍自己的育儿经验,从家长角度分享教育难题的预防和解决方法,通过一个个浅显易懂、鲜活生动的案例,引起其他家长的共鸣,帮助其他家长树立先进教育观念,解决家教难题。

三是定期举办家长交流活动。家长在养育孩子的过程中遇到的问题和困惑相似,因为感同身受,沟通起来更有共同话题,也可以互相学习、借鉴实用有效的养育方法。家长学校可以定期组织家长沙龙、家长论坛等交流活动,以"如何陪孩子写作业""孩子沉迷手机,该怎么办""孩子挑食,该怎么办"等常见教育问题为主题,让家长互相分享好的做法。

案例:上海市继光初级中学的实践

上海市继光初级中学充分发挥家长特长,利用家长资源,在学校官方微信上增设了"家长智汇堂"专栏。此专栏由学校从家长群体中选聘的"健康副校长"负责,由家长来挖掘身边的案例,发挥优秀家庭的榜样示范作用,让优秀家长分享家庭教育中的成功经验或遇到的困惑,再现家庭教育过程中的细节与感悟,引导其他家长共同构建和谐亲子关系,营造和谐家庭氛围。

案例:上海市崇明区实验中学的实践

上海市崇明区实验中学家长学校注重挖掘家庭教育资源,激发家长的教育潜能。学校每年至少开展一次"家长大讲堂"活动;分年级或者分专题举办经验交流会;不定期开展家长座谈会,在座谈会中把家长分为不同小组,每个小组抽取家庭教育问题情境,再以小组为单位集体讨论解决策略。优秀家长现身说法、优秀案例分析等方式,既有助于家长掌握具体的问题解决方法,也有助于家长深刻感受智慧型家长的魅力,从而主动成长。

3. 有效发挥家庭优势的方式

家庭是孩子成长过程中的重要力量,学校需要对家庭教育进行有效的干预与引导,使学校和家庭形成合力。家长学校作为家长学习提升的载体和媒介,需要积极引领,科学管理,智慧运作,多维度挖掘家长委员会的深层次功能,促进家长家庭教育能力的提升,助力学生健康幸福成长。

(1) 以开放共建的心态来建设家长学校

一是保持有效的家校沟通,让家长了解家长学校的办学理念。家长学校的有序运营离不开家长的理解与支持。家长学校应该构建多元的沟通途径,与家长及时、有效沟通,获得家长的认可。第一,家长学校应该健全校级、年级、班级三个层级的家长委员会组织,明确职责,畅通交流,建立起学校和家长之间的桥梁,协调学校合作活动的开展,让家长发挥自身优势,积极、主动地参与学校的各项工作。第二,家长学校应该充分利用现代交流手段。学校微信公众号、官方网站等扩大了信息传播范围,有助于家长及时了解国家的教育方针和课程改革信息、家长学校的办学宗旨和工作计划、家校活动的组织实施和评价反馈等。QQ班级群、微信班级群等开放的交流手段让教师能够与家长及时交流学生的表现,了解家长的困惑与需求,总结学生问题的普遍性与差异性,在全面了解和掌握学生情况的基础上与家长达成共识,实现协同育人。第三,家长学校可以邀请各级家长委员会参与学校的各种教育教学活动,借助家长开放日、家长委员会校园参观、家长委员会大议事等,让家长表达自己的真实情感,了解学校的教育教学情况,了解孩子的在校生活和学习需求,进而有针对性地解决家庭教育问题,促进孩子的发展。

二是尊重家长,认真听取家长对家长学校的建设意见。家长学校以提高家长的素质为目的,应该注重引导家长树立正确的教育观,掌握科学的育人方法,从而提高育人能力,最终提高孩子的素质。为了使家长学校能够办到家长的心坎上,不流于形式,家长学校必须基于孩子成长的需求和家长的困惑开展家长委员会工作,着力打造家长学习共同体。正如朱永新教授所说的那样,父母本身就是儿童最初的世界,他们不仅仅是第一任老师,实际上也是儿童终身的老师,最长久的老师。学校要做的就是尊重家长，与家长一起交流、学习、反思，彼此理解、认同、欣赏，共同合作，达成共识，共同促进孩子成长。在家长委员会的引导下，家长要有效地将学校教育延伸到家庭，让家庭教育与学校教育无缝衔接，为学生的成长打下坚实的基础。

三是鼓励志愿服务，引导家长代表参与家长学校的管理。学校的发展受多种因素影响，家长是不可或缺的一部分。家长学校要充分引导热心教育、阳光积极的家长组成志愿者团队，全方位凸显家长志愿者在教育中的优势。家长学校可以通过建立家长志愿者平台的方式，把本校家长中的优秀人士或热衷于教育的爱心人士组织起来，让他们充分参与学校管理。家长学校可以在学期初对家长进行问卷调查，了解家长的学习意愿、特长、困惑和实际需求，在此基础上进行有针对性的、菜单式的主题培训。家长学校可以根据本区域、本校的发展特点，引导家长参与学校的课题研究，使家长自身的优势与学校的培训有效融合，并基于课题研究、项目研究等对家长志愿者、家长委员会成员等进行有效的培训。家长带头参加公益活动，对孩子能起到良好的示范作用，有助于增强孩子的责任心。家长学校通过家长志愿者平台设立各种各样的家长志愿者岗位，如家庭教育指导志愿者、学校研学活动志愿者，让更多家长参与到学校的各项活动中来，以身作则，引领孩子成长，这本身就是一种无形的精神力量。这些举措既能发挥家长自身的优势，又能较大限度地促进家长学校的发展，使家校团结起来，共同促进孩子健康成长。

四是积极开发基于家校合作的家长课程资源，让家长参与学校的课程建设。教育不仅仅是学校的事情，如果学校在课程开发中能够主动咨询家长的意见，创造机会让家长介入，会极大地提高家长的参与积极性。家长学校可以尝试把家长课程资源的开发纳入家长学校的常规工作，具体落实过程中，需要学校和家长委员会有效对接。基于家校合作的家长课程资源开发，不仅能充分挖掘家庭教育中的人力和物力资源，使其为学校服务、为家庭服务、为孩子服务，还能通过家校的协同，实现资源共享和优势互补，丰富家长学校的授课内容。此外，家长学校和家长委员会建立亲密的合作伙伴关系，能够全面提高家长的素质和家庭教育水平，使家校形成合力，为孩子创设健康、良好的成长空间。

五是积极开展家庭教育科研活动，形成家庭教育校本课程。课程是家长学校开展工作的重要载体，合适的校本课程能够让家长学校的工作更具有针对性和可操作性。家长学校可以由教科室牵头开展家庭教育科研活动,通过家长委员会了解家长在家庭教育中的困惑等,以调查的方式开展研究,形成符合本校学生家庭教育实际情况的校本课程。家长学校可以用科研引领实践,通过沙龙讨论、问卷调查等形式了解家长在家庭教育中的困惑等,以课题研究或个案研究为抓手,理论与实际相结合,与时俱进,开拓创新,开发校本课程,并以校本课程为基础,多角度、全方位地开展家庭教育指导工作。

六是对参与家长学校建设的优秀家长予以精神鼓励。《科尔曼报告》指出,父母参与和期望是儿童成长的重要中介变量。基于这一理论,我们认为,发挥家长委员会的桥梁沟通作用,建立优秀家长评比机制,能够在较大程度上促进家长的进步,进而促进孩子的成长。家长学校可以建立多角度的评价体系,如围绕家长对学校工作的参与情况、家长对学校工作的合理化建议、家长对孩子成长的指导能力等形成优秀家长评比方案,确定评比细则,激发家长参与学校建设的热情。为了激励先进、树立学习典型,家长学校可以通过升旗仪式或者家长会对优秀家长进行表彰,同时可以借助媒体的力量对优秀家长的事迹进行宣传,让其他家长在共学、共建、共育的过程中提升家庭教育水平。很多优秀家长的家庭教育方法值得推广,这些优秀家长的教育经验在家长群体中非常具有说服力。家长委员会应该成为一个火种,去点燃家长的热情,增加家长学校的能量,搭建起家校合作的连心桥。

案例:太仓市城厢镇第一小学的实践

太仓市城厢镇第一小学借鉴企业管理的理念,采用"家长积分制"量化家长的学习热情、参与意识、参与程度、合作成效等,使家长学校逐步朝着有序管理的方向发展。[①] 学校分参与家庭教育读本学习、参与家长学校活动、参与班级协作、参加家长志愿活动等板块,以基础分、奖励分的形式对家长进行积分管理,其中,基础分为 80 分,奖励分为 20 分。每年 6 月,学校按照积分高低,评出家长综合荣誉获得者和家长单项荣誉获得者,通过开学典礼上的校长颁奖、校门口张贴喜报、制作展板等形式进行宣传鼓励。针对获得相关荣誉的家长,学校还会为其子女赠送图书和学校吉祥物。这不仅激发了孩子的自豪感、荣誉感,还激发了家长参与的积极性,让家长更加支持学校的工作,促进了家校合作的顺利开展。

---

① 李婧娟.家庭教育项目学校优秀案例[M].苏州:苏州大学出版社,2020:151-155.

（2）努力提升家长的学习体验

一是让家长拥有决策权，提升参与度。没有调查就没有发言权，家长学校要充分调查家长的家庭教育需求，真正解决家长在家庭教育中遇到的问题。家长具有原生性的教育权利、义务和责任，家长学校在向家长传授家庭教育相关知识前就应该赋权给家长，让家长清楚自身的义务和责任。家长学校应该通过谈话交流、家访、问卷调查、召开座谈会等方式全方位地了解家长的家庭教育需求，汇总家长的家庭教育问题，梳理家长的家庭教育盲区，针对共性问题开办专题讲座，针对个性问题进行个别指导，提高家庭教育指导效果。家长学校只有针对家长的实际需求安排学习活动，解决家长家庭教育过程中的痛点、难点问题，才能让家长真正认同家长学校的办学理念。家长学校和家长委员会要鼓励家长表达自己的心声，对学校的各项活动提出合理的意见和建议。这样既能吸引家长参与，又能优化家长学校的课程设置，还能提升家长的家庭教育能力。

二是活动形式多样，内容丰富多彩。家校互动过程中，活动形式多样，内容丰富多彩，家长才会愿意主动参与、积极参与。家长学校可以通过开办教育专题讲座、召开小型座谈会、开放心理咨询室、开通"家校连线"专栏等方式及时与家长沟通交流，也可以通过组织家长读书会、召开优秀家长经验报告会等促进家长相互学习，还可以借助现代化的交流工具开展家校沟通活动。这些活动改变了以往的"你说我听，我讲你学"的单一模式，让家长的学习内容更加丰富，学习方式更加便捷，有助于增强家长的学习兴趣，也能够帮助家长掌握孩子成长的特点、规律和家庭教育方法。

三是活动后及时整理家长的反馈信息，不断提升活动质量。家长是家长学校的主要学习者，家长的反馈信息对于家长学校的建设具有非常重要的意义。教学反馈是教学系统有效发展的关键环节，家长学校应该充分认识到教学反馈的功能，结合相关反馈信息，及时优化教学内容，提高教学质量。在具体操作中，家长学校可以通过学习现场评价、学习后问卷调查、电话专访、一对一交流等形式及时了解家长对各项学习活动的满意度。这样做的好处主要包括以下几方面：（1）让家长有一种被认可和尊重的感觉，能够激发家长的求知欲，激励家长主动参与家长学校的各项活动；（2）可以根据家长反馈的信息初步评判活动的效果及其学习情况，发挥检测的作用；（3）总结和梳理反馈信息，进行必要的评价反思,有助于提升家校活动的质量。

在具体实践过程中,家长学校要把家长的需求和孩子的成长放在重要位置,充分调动家长的参与热情。这是办好家长学校的重要步骤。有了家长的积极参与,家长学校的教育才有可能取得实效。家长学校要为家庭教育保驾护航,要与教师、家长一起用心绘制教育的"同心圆",为学生的健康成长奠定基础。

三、家长委员会助力家长学校建设

(一)家长委员会的相关概念

1. 家长委员会的内涵

在家校共育工作中,家长委员会发挥着重要的作用。2010 年,《国家中长期教育改革和发展规划纲要(2010—2020 年)》明确提出,要建立中小学家长委员会,建设依法治教、自主管理、民主监督、社会参与的现代学校制度,构建政府、学校、社会之间的新型关系。家长委员会是由家长代表组成的,代表全体家长和学生参与学校教育和管理、行使教育监督权和评议权的一种群众性组织,是密切家校关系的桥梁和纽带,是实现家校共育的重要组织形式。[①]

家长委员会是沟通学校、家庭和社会的桥梁,是学校形象的维护者、学校品牌的宣传者,更是学生家长参与学校管理、监督学校规范办学、了解学校现状、评价师生、构建和谐教育的平台。家长委员会是学校教育的参与者、教育资源的开拓者、教育问题的应对者、学校关系的协调者、学生良好成长环境的创建者。

习近平总书记在 2018 年全国教育大会上指出,办好教育事业,家庭、学校、政府、社会都有责任;家庭是人生的第一所学校,家长是孩子的第一任老师,要给孩子讲好"人生第一课",帮助扣好人生第一粒扣子;教育、妇联等部门要统筹协调社会资源支持服务家庭教育。教育是一项合作的事业,在全社会共同关注的新形势下,只有协同家庭、学校、政府和社会四大要素,才能促进青少年成长成才,而设立家长委员会是适应时代发展需要和有效推进家校合作的重要举措之一。

---

① 陈立永.学校家长委员会建设范式的转型[J].教育科学研究,2011(7):46-48.

2. 家长委员会的组织架构

家长委员会主要由校级、年级、班级三级组织构成。学校家长代表大会和学校家长委员会是校级组织,年级家长委员会是年级组织,班级家长委员会是班级组织。其中,学校家长代表大会、学校家长委员会和班级家长委员会是必设机构,年级家长委员会可以作为选设机构。学校可以根据规模和实际需要,设置学部家长委员会,作为补充组织。

学校家长委员会主要包括会长、副会长和委员,以及下设的专项工作组等。每个学校都应该设置专项工作组,但工作组的类型、数量和规模应该根据学校的实际情况而定。年级家长委员会和班级家长委员会通常由会长、副会长和委员组成,各级人员组成的区别在于权限和义务不同。

那么,各级家长委员会是如何产生的呢?

(1)各班班主任组织召开班级家长会,在班级家长会上通过家长自荐与选举相结合的模式产生会长、副会长和委员,成立班级家长委员会,并推选 1 至 3 名家长代表进入学校家长代表大会。

(2)年级家长委员会的会长、副会长可以在本年级各班的班级家长委员会的会长中选举产生,班级家长委员会中的其他会长、副会长可以作为本年级家长委员会的委员。

(3)校级家长委员会的会长、副会长可以在全校家长代表大会中选举产生,推选年级家长委员会或班级家长委员会的会长、副会长担任校级家长委员会的会长、副会长,年级家长委员会中的其他会长、副会长或班级家长委员会中的其他会长、副会长可以作为校级家长委员会的委员。

(4)学校家长代表大会可以作为家长学校的最高决策机构,学校家长委员会的各级成员都应该在学校家长代表大会中产生。

3. 家长委员会的作用、职责和功能

(1)家长委员会的作用

学校是学生接受义务教育的地方,家长既是孩子的第一任老师,也是孩子的终身老师,因此,教育需要家校联盟,需要家庭和学校共同作用,才能获得良好的效果。如果家长不信任教师,教师把教育责任都推给家长,那么不仅会影响家校之间的关系,也会对学生产生影响。为了避免出现这一问题,也为了加强学校和家长之间的沟通,家长学校需要成立家长委员会,从班级家长委员会、年级家长委员会到学校家长委员会,层层递进,逐步增强学校的育人效果。同时,家长委员会的工作能够让家长走进校园,了解学校的教育,更加信任学校,与学校一起为孩子创设优良的教育环境。更多家长积极参与到学生班级建设及班级活动中,能够保证学校工作顺利开展,也能够增进学校和家长的关系,为学校发展奠定基础。

（2）家长委员会的职责

家长委员会应该在学校的指导下履行职责。

一是参与学校管理。家长委员会要对学校的工作计划和重要决策,特别是影响学生和家长切身利益的事项提出意见和建议。家长委员会要对学校教育教学和管理工作予以支持,积极配合。家长委员会要对学校开展的教育教学活动进行监督,帮助学校改进工作。

二是参与学校教育。家长委员会要发挥家长的专业优势,为学校教育教学工作提供支持。家长委员会要发挥家长的资源优势,为学校开展校外活动提供教育资源和志愿服务。家长委员会要发挥家长自我教育的优势,宣传正确的教育理念和科学的教育方法。

三是促进学校与家庭的沟通。家长委员会要向家长通报学校近期的重要工作和准备采取的重要举措,听取并转达家长对学校工作的意见和建议。家长委员会要及时向学校反映家长的意愿,听取并转达学校对家长的希望和要求,促进学校和家庭的相互理解。

（3）家长委员会的功能

2012年,《教育部关于建立中小学幼儿园家长委员会的指导意见》中进一步明确了家长委员会的重要作用。

家长委员会是学校教育与家庭教育的纽带,家长学校应该不断创新家长委员会的工作,有效发挥其作用,使家长委员会成为学校教育的同盟军。简单来说,家长委员会有三方面功能:一是加强家校沟通,把家长和社区资源引入学校,为学校的发展、家庭的发展、孩子的成长服务;二是参与学校管理,参与一些重大事项的决策,保障家长的参与权、知情权、监督权;三是开展家长教育,这是一种家长自我教育的形式,要求家长自己教育自己①。

在实际工作中,家长学校应该以家长委员会为支点,推动学校特色发展。家长委员会要围绕教育、德育、安全等教育内容,使家庭和学校形成教育整体,提升学校和家庭的凝聚力,从而达到培养学生综合能力、良好品行的目的,促进学生健康成长。

(二) 家长学校与家长委员会的关系

姜宏德教授在《全国家长学校建设论坛实录》中提到家校合作时讲过四句话:(1)儿童成长有两个主要的场所,一是家庭,二是学校;(2)有两大群体会影响儿童成长,一是家长,二是教师;(3)儿童的健康成长需要家校合作,需要家长和教师协调一致;(4)家长学校和家长委员会是家校合作这架马车上的两个轮子,缺一不可。

那么,家长学校与家长委员会有什么区别?

1. 两者的组织性质及关注点不同

家长委员会通常是由本校的家长代表成立的群众性组织。作为家长与学校沟通的桥梁,家长委员会较为关注学生的教育。

家长学校通常是由学校、社区或其他机构成立的面向学生家长的组织,其关注的是对家长的教育。

2. 两者的任务不同

家长委员会的任务主要是代表全体家长参与学校管理、参与学校教育并开展家长教育。家长委员会是学校联系本校学生家长的桥梁和纽带。

家长学校的任务主要是对学生家长进行教育,目的是引导家长改正错误的教育方法,掌握科学的教育理念与方法,从而提高家庭教育质量,并促使家长进一步配合学校教育,与学校教育形成合力,引导学生健康成长。

3. 两者的管理主体不同

作为群众性组织,家长委员会的管理者是由家长推选出来的家长代表。家长代表反馈的是某个层级全体家长的建议。

家长学校的管理者是学校、社区或其他组织机构,家长主要是受教育者,但

---

① 教育部关心下一代工作委员会全国家长学校教育实验区领导小组办公室.家长学校建设理论与实践[M].北京:学苑出版社,2013:181-182.

也在一定程度上参与家长学校的管理。

4. 两者涵盖的内容不同

家长委员会参与学校的管理并监督学校方方面面的工作，并不完全聚焦学校的家庭教育指导工作。

家长学校主要的任务就是开展家庭教育指导工作，其中涉及家庭教育指导师资队伍的建设和家庭教育课程的建设。家长委员会并不直接涉及此部分内容，但是可以就相关内容反馈全体家长的意见，提出合理化建议，优化学校的家庭教育指导工作。

由此可见，家长学校是学校开展家庭教育指导工作的主要阵地，而家长委员会则是学校与家长之间沟通的桥梁，家长委员会可以参与、监督学校的教学、管理等工作。建设家长学校作为学校的重点工作之一，也需要家长委员会的参与。家长委员会要为家长学校的发展建言献策，带动本校家长积极参与家长学校的相关活动，支持学校的家庭教育指导工作。

（三）家长委员会助力家长学校建设的有效策略

家长委员会是以学生家长为主体的自治型组织。建立家长委员会，对于发挥家长作用、促进家校合作、优化育人环境等具有重要意义。如何更好地发挥家长委员会的作用，助力家长学校的建设呢？

1. 发挥家长委员会的沟通桥梁作用

家长委员会作为家长的代表，能深入了解家长的想法，然后代表家长与学校、教师沟通相关问题。家长委员会是家长与学校、教师之间的纽带，能在一定程度上避免家长与学校、教师产生矛盾，有利于形成和谐的家校关系。同时，家长委员会还能及时了解学校、班级的工作情况，并在家长之间进行有效宣传，这有利于家校合作，能够促进孩子快乐成长。

家长委员会成员应该明确自己的身份：首先是家长，其次才是家长委员会成员。家长委员会成员要根据自身的特点和优势，充分利用丰富的家长资源，为家长学校的建设提供力所能及的帮助，做到"到位而不越位、帮忙而不添乱"。

（1）代言协助，上传下达

家长委员会的重要工作之一就是把家长学校的信息传达给家长，同时把家长对家长学校工作的反馈和建议提交给学校，以便家长和学校全面、及时地沟通。家长委员会的各项工作应该是透明的。家长委员会要及时让家长知道家长委员会的工作情况和内容,以便激发家长的参与热情。

（2）建言献策,反馈交流

家长委员会的工作内容涉及以下几方面:一是汇总家长的意见和建议并及时反馈给学校,促进家校相互了解和交流;二是参加学校组织的有关活动,主动支持学校的建设和发展;三是帮助家长提高家庭教育水平。

因此,家长学校可以在每学期开始时召开家长委员会会议,在会议中,请家长委员会成员就家长学校的管理、课程、教学、活动等方面进行交流讨论,共同为家长学校的建设建言献策。

（3）调查咨询,监督教学

家长学校可以从三方面入手:一是设立家长咨询日,由校长和家长委员会的会长负责接待家长,解答和探讨家长提出的家庭教育问题;二是设立家长邮箱,解决个别家长提出的家庭教育问题;三是定期开展问卷调查,问卷调查的内容涉及家长学校管理的各个方面,目的是让学校及时了解家长对家长学校工作的意见、建议和要求。

（4）出谋划策,丰富活动

家长委员会可以利用家长的社会资源,丰富家长学校的活动。在家长学校进行重大决策时,家长委员会可以基于家长立场出谋划策,确保决策的最优化。在家长学校开展大型活动时,家长委员会可以根据学校需要给予支持,以确保活动的顺利开展。

（5）主动作为,积极行动

家长委员会应该主动与家长、教师交流,并积极为他们之间的沟通创设条件,让家长委员会成员、家长主动参与家长学校的实践,让家长学校的行政人员、教师尊重家长委员会的参与和知情需求。家长委员会应该创设条件让家长主动参与活动方案制定、活动过程管理和活动评议反馈,让家长充分发挥自身的作用。

（6）积极宣传,形成合力

家长委员会应该积极宣传有关教育教学的政策法规,帮助家长学校进行教育教学改革,帮助家长提高家庭教育水平,使学校、家长形成合力,共同促进孩子发展。

案例：江苏省昆山市娄江实验学校家长委员会的实践

江苏省昆山市娄江实验学校创新机制，健全职能，让家长委员会有"位"也有"为"。家长委员会采用"网格化"的管理方式，形成了"1＋6"的三级家长委员会建设模式，1是指1名家长委员会主任，6是指由6名委员组建成班级、年级、校级三级家长委员会。依据功能范畴，学校设立了六大专门委员会，以小组为单位进行活动策划；制定了相关规章制度，明确家庭和学校的职责。为了保证家长委员会选举的公平、公正，学校通过准备期、成立期、聘用期、调整期来培养和考查家长委员会成员。自愿申请的制度、公开透明的推选过程，为家长委员会有效发挥职能奠定了坚实的基础。

学校以六大专门委员会为平台，不断丰富教育和管理职能。亲子社团专门委员会需要向学校提交活动策划，组织各年级开展心理类、研学类、劳作类、运动类、才艺类、公益类社团活动；志愿服务专门委员会在全校范围内吸纳志愿者，开展家长交通志愿值勤、垃圾分类运动会、关爱老人、防毒禁毒公益讲座等活动；阅读共长专门委员会每周发布亲子共读活动信息，促进亲子互动、家庭互动；基于家长和学生的需求，校服采购专门委员会和食堂安全专门委员会积极参与学校相关管理工作；法律综合专门委员会负责调解班级矛盾纠纷，维护家长、学生、学校的权益，不定期对家长、学生、教职员等进行普法教育，让大家知法、懂法、守法。①

2. 发挥家长委员会的示范带头作用

（1）做精家校合作的特色动作——金点子征集

家长委员会只有群策群力才能为家长学校的教育教学工作提供更多宝贵的意见，贡献更多珍贵的建议。为了更好地发挥家长委员会的作用，可以举办为家长学校发展征集金点子活动，由家长委员会具体负责。这个活动对家长学校的发展有非常大的影响和作用。家长委员会可以在每年的开学季向全校家长发放金点子意见征集表，了解家长对课程内容、课程形式、家校活动等方面的意见。在家长意见反馈后，家长委员会和家长学校要对意见征集表进行分类整理，最终形成一个汇总表，评选出最佳的点子。家长委员会和家长学校对相关金点子进行研讨后，可以通过多种渠道把研讨结果反馈给家长，并邀请家长监督相关意见

---

① 曹霁.创新机制，让家委会有"位"也有"为"[J].教育家，2021(48):26－27.(案例中有删减)

的落实情况。通过开展这样的金点子征集活动,家长能参与到家长学校的建设中来,行使监督权,也能在很大程度上推动家长学校的发展。

（2）做细家校合作的资源建设——挖掘家长中的教育资源

家长群体中蕴藏着丰富的教育资源,许多家长具有先进的教育理念和深厚的文化底蕴。家长学校可以发挥家长委员会的功能,不断挖掘家长中的教育财富,发挥家长的职业优势,让家长走进课堂,走进学生社团,增长孩子的知识与见识。这样做可以使学校的课程内容更加丰富,既满足学生个体发展的需要,也让学校的课程建设更有活力。家长学校也可以让家庭教育经验丰富的家长参与大讲堂等活动,把他们树立成科学育子的典型,让其他家长向他们学习。

第二节 家庭教育指导能力建设框架

教师作为家长学校的重要组成人员,在学校的家庭教育指导工作中发挥着重要的作用。家长学校应该尽力提升教师的家庭教育指导能力。家庭教育指导是一个宽泛的概念,根据角色定位和发挥作用的不同,可以把教师的家庭教育指导能力分为四种:一是家庭教育规划实施的能力,主要指教师规划某一个地区或某一所学校家庭教育指导工作的宏观能力;二是家庭教育群体指导的能力,主要指教师传播家庭教育理念和家庭教育知识的能力;三是家庭教育个体指导的能力,主要指教师进行团体辅导或个案咨询的能力;四是家庭教育活动组织的能力,主要指教师策划、组织开展家、校、社协同育人实践活动的能力。

一、家庭教育规划实施的能力

从事家庭教育规划实施工作的教师又称家庭教育规划师。家庭教育规划师应具备以下两方面能力。

（一）进行顶层设计的能力

顶层设计能力是家庭教育规划师的首要能力。家庭教育指导工作如何做,关键还是看家庭教育规划师的格局和视野。所谓谋定而后动,是指在具体推动一项工作前,就应该综合考虑所有因素,在此基础上确定后续的具体任务和进度等。在家庭教育指导方面,具备顶层设计能力的教师会在充分了解区域家庭教育相关资源、存在的问题、家长需求等信息的基础上,从宏观视角,规划本校或本地区的家庭教育指导工作。

（二）抓住主要矛盾的能力

通常,一个学校或一个区域内部会有不同年龄和特点的儿童,有不同类型的家庭,不同家长又有不同的需求,而家庭教育指导工作是一个系统工程,涉及不同人群、各个方面、多个环节,有些家庭教育指导工作不紧急但很重要,有些家庭教育指导工作非常紧急但又没那么重要,这时应该先推动哪项工作,赋予哪项工作更多的资源,这都需要家庭教育规划师抓住主要矛盾,统筹协调。家庭教育规划师应该抓住关键问题,先安排优先级高的家庭教育指导工作,再兼顾次要矛盾,完成次优先级的任务,推动家庭教育指导工作全面发展。

二、家庭教育群体指导的能力

从事家庭教育群体指导工作的教师又称家庭教育讲师。从定位来看,家庭教育讲师具有以下特点。

一是同一时间段内服务的人数较多,人群具有同质性。家庭教育讲师通常不对某个团体或者某一个体进行辅导并提供具体的咨询服务,而是面对一个同质性的群体进行理念和知识的宣讲,比如面向同一个年级的家长开办讲座,这些家长的孩子年龄和学段相同,他们关注的问题也相似;或者是面向同一种类型的家庭,如"二孩"家庭或单亲家庭,为他们提供相关教育知识。

二是采用讲授的方法。因为家庭教育讲师面向的是一个人群,服务的对象具有群体性的特质,传达的观念和知识具有普遍性、共识性等特点,这就要求家庭教育讲师用高度精练的语言来表述。家庭教育讲师不提供个性化的指导,所以通过讲座的形式开展指导是效率最高也是最合适的,这就要求家庭教育讲师掌握讲授的方法。

三是注重启发家长。家庭教育讲师传达的是家庭教育的先进观念和儿童发展心理学知识,介绍的案例和方法主要是用来启发家长,如通过具体案例告诉家长培养孩子的学习习惯很重要,和睦的家庭环境和情绪稳定的父母对孩子的成长有积极影响等。这些主要是为了启发家长,让家长树立正确的教育观念,在恰当的时间做正确的事情来帮助孩子健康成长。家庭教育讲师不为某个家庭或某一个体提供个性化的指导,也不介绍普适性的教育方法,否则就违背了孩子的发展具有差异性这一规律。

根据以上分析,我们认为,一名合格的家庭教育讲师至少应该具备以下四种能力。

(一) 熟练掌握家庭教育指导知识的能力

家庭教育指导的内容非常复杂,涉及儿童身体发育、卫生保健、营养健康、心理成长、思想品德、行为习惯、学习品质、社会交往、能力培养、全面发展等方面的知识[①]。虽然家庭教育讲师不需要针对某个家庭提供具体的指导方法,但仍需要掌握相关内容,才能对家长进行有效的培训。不仅如此,家庭教育讲师还需要掌握针对特殊家庭、特殊儿童的家庭教育指导知识,如针对离异和重组家庭、农村留守儿童家庭、流动人口家庭、智力障碍儿童、听力障碍儿童的家庭教育指导知识。家庭教育讲师需要熟知党和政府的教育政策,向家长传达《中华人民共和国家庭教育促进法》等法律的内容,确保家长按照国家的教育目的培养孩子。

除了上述知识,家庭教育讲师还要熟悉当前先进的教育理念,帮助家长树立正确的教育观念,如根据《全国家庭教育指导大纲(修订)》,12—15岁儿童具有自尊心强、情绪波动大、对父母依恋减少等特点,家庭教育讲师应该引导家长重视价值观教育,重视孩子的青春期人格发展,增强孩子的学习动力,构建良好的亲子关系。

(二) 针对不同群体讲授不同内容的能力

家庭教育讲师应该根据孩子特点和家长需求来确定具体的讲授主题。孩子具有差异性,家长群体具有异质性,不同类型的家长需要的教育理念和教育知识是不一样的,家庭教育讲师万不可对着所有家长都讲同一套东西,这会让讲座的效果大打折扣,因此,家庭教育讲师必须具备针对不同群体讲授不同内容的能力。

家庭教育讲师需要先了解参与本次讲座的家长群体的特点,再根据家长群体的特点提供有针对性的讲座内容,调整相应的语言词汇,准备恰当的展示课件等。例如,家庭教育讲师需要提前了解本次讲座的对象是几年级孩子的家长,家

---

① 关颖,晏红.家庭教育指导者培训教程[M].天津:天津社会科学院出版社,2017:115.

庭是否有什么特殊性（单亲家庭、"二孩"家庭等），主要是父母还是爷爷奶奶参加，针对不同的家长群体讲授不同的教育理念和知识。如果孩子刚读小学一年级，讲师就应该指导家长做好幼小衔接工作；如果孩子已经读六年级了，讲师就应该介绍小升初方面的教育知识；如果来听讲座的爷爷奶奶更多，讲师就应该把内容讲解得更加通俗易懂。为了提高讲座的针对性和效率，保证讲座内容被家长充分理解，家庭教育讲师在备课的时候就要充分了解听讲对象。

讲座结束后，家庭教育讲师还应该撰写教学反思，为之后的讲座提供参考信息。家庭教育讲师一方面需要总结一下本场讲座成功的地方，如讲到什么内容时现场的家长非常感兴趣，感觉有收获，以便下次授课的时候继续使用；另一方面需要反思还存在哪些问题，如内容太单调、语速太慢，让家长觉得不太紧凑、吸引力不足。

（三）在众人面前讲授的能力

家庭教育讲师是通过开办讲座的形式来向家长传播相关教育理念和教育知识的，面对的通常是家长群体，因此，家庭教育讲师需要具备在众人面前讲授的能力。

一是表述准确。家庭教育讲师要准确地向家长传达自己的讲授内容和理念，这是最基本的要求。只有让家长听得懂、听得明白，并且不对讲师的表达产生歧义，才能保证信息的有效传达。要想表达准确，家庭教育讲师必须在开办讲座的时候用词准确，避免使用模棱两可的词汇。因为不同家长的受教育程度和理解力不同，讲师在开办讲座时语言要通俗易懂、简洁明快，要尽量避免用复杂的长句和太多的修饰词。讲座是一种口语化的传达信息的方式，要与书面语言区别开来，家庭教育讲师要用平易近人的、贴近家长和学生生活的、亲切自然的口语化词汇来讲授，这样更能拉近和家长的距离，信息也更容易被家长理解和接受。

二是理论与案例结合。虽然讲座主要是传达教育理念和教育知识，但家庭教育讲师不能只讲理论不举案例。例如，在向家长说明核心价值观培养的重要性时，不能简单讲爱国、敬业、诚信、友善等凝练性的词语，而是应该结合生活中的例子，如不友善的孩子在社会中可能会经常与人发生冲突，会遇到危险，抽象理论与具体案例结合，才能让家长听得明白、理解透彻。

三是控场能力较好。家庭教育讲师应拥有良好的控场能力，可以引导家长认真聆听,全程投入;否则,家长就可能心不在焉,听不进去,更严重的还可能交头接耳,影响讲座的顺利进行。这要求家庭教育讲师准备有针对性的内容,而且内容不能太过枯燥,不可平铺直叙;同时结合设问的方式来引导家长思考,让家长的思维跟着讲师的逻辑走。另外,讲师也可以根据讲授的内容搭配相应的手势、表情等,吸引听众的注意力。讲师要有自信心,这样传达给家长的内容才能被家长接受,否则家长会认为讲师不够专业,没有权威性。讲师的语速要适中,不可过慢,不然家长容易分心、走神,也不可太快,不然部分家长的思维可能跟不上,最好是根据家长的受教育程度和年龄特点适时调整语速。

（四）尊重家长、理解家长的能力

家庭教育讲师通常是拥有较多家庭教育指导知识,被组织者邀请过来为家长开办讲座的专家或教师,受到组织者和家长的尊重。但如果讲师抱着一种高高在上、居高临下的态度来传授理念和知识,家长就会认为讲师不尊重自己,进而不认同讲师的讲授内容,降低讲座的有效性。即使家长缺少先进的教育理念,在养育孩子的过程中存在困难,家庭教育讲师也不应该当着众人的面批评家长,这会让家长觉得自己被指责、被冒犯,产生抵触心理,后面即使讲师说得再好,再正确,可能也无法被家长认同和理解。

家庭教育讲师应该试着理解家长,分析家长行为背后的原因,不要带着一种先入为主的观念看待家长和家长的教育行为,这样才能让讲授内容真正深入家长内心,让家长产生一种被理解的感觉,进而与讲师产生共鸣,转变教育理念。曾有讲师批评留守儿童的家长一年跟孩子见不了几次面,家长会也不来参加,一点都不注重孩子的家庭教育。其实,这就是没有站在孩子父母的角度考虑问题,对于留守儿童父母来说,如果不外出务工可能连家人的生存都难以保障,更别提家庭教育了。因此,家庭教育讲师应该试着去理解不同的家长,懂得他们的困难之处,秉持真诚、尊重的态度,真诚地想要帮助家长。如此一来,家庭教育讲师才能真正被家长接纳,举办讲座的目的才能真正实现。

三、家庭教育个体指导的能力

从事家庭教育个体指导工作的教师又称家庭教育咨询师。家庭教育咨询师需要为单个家庭提供一对一的咨询服务,或为少数家庭开展团体辅导,启发和引导家长掌握先进的教育理念和科学实用的家庭教育方法,帮助家长预防或解决家庭教育中存在的问题并建立和谐、良好的家庭环境,促进孩子健康成长。家庭教育咨询师与家庭教育讲师虽然都从事家庭教育指导工作,但前者的服务对象人数更少,通常是一个家庭或少数有类似困扰的家庭团体,指导更加个性化,需要为实际存在的问题提供具体的指导方案和意见。家庭教育咨询师也不同于心理咨询师,虽然两者都提供个性化的指导与服务,旨在解决具体问题,但是,家庭教育咨询师通常更注重家庭问题的解决,通过作用于家长间接对孩子产生影响;心理咨询师则是针对个人提供心理援助和咨询服务。此外,不能把家庭教育咨询师与"家教""住家教师"混为一谈,家庭教育咨询师的指导对象是家长,指导的内容是家庭教育知识和方法,而不是给孩子提供学科培训,指导孩子如何学习。

具体来说,家庭教育咨询师的工作具有以下特点:

一是以解决家庭教育问题为主要目的。家庭教育咨询师不仅需要向家长传播先进的教育理念,还需要为家长提供有实效性和针对性的解决教育问题的方法。家庭教育咨询师通常面对的是具体的家庭,这些家庭在养育孩子的过程中遇到了一些问题,如亲子关系出现冲突、孩子有不良的生活习惯或学习习惯,并且家长希望家庭教育咨询师帮助他们发现问题背后的原因,找到解决问题的方法。

二是面对的家庭教育问题具有多样性。每个家长有不同的教育方式和方法,在不同家庭中成长起来的孩子具有不同的特点,孩子在行为习惯和思想观念方面出现的问题也具有多样性。例如,有的家长认为自己的孩子做作业太慢,写同样的作业需要花费比其他孩子多两倍的时间;有的家长发现孩子不愿意与自己沟通;有的家长对孩子沉迷手机束手无策;有的家长发现孩子偏科非常严重。家庭教育咨询师需要针对具体问题提供实用的指导意见。

三是主要采用提供咨询服务的方法。家庭教育咨询师的职业定位是帮助个别家庭预防或解决在养育孩子的过程中可能出现的问题和困扰,服务的对象是单个家庭或一些存在类似问题、有共同目标的家庭团体,需要提供针对特定问题的有实效性的预防或解决对策,这就决定了家庭教育咨询师主要采用提供咨询服务的方法与家长进行沟通,分析问题的症结,进而寻求解决方案。如果家庭教育咨询师无法找出引发问题的真正原因,只提供针对所有家庭的普适性方法,可能不仅无法帮助家长解决家庭教育问题,还会让家长失去信心,让家长认为这些权威方法对自己的家庭教育问题都不起作用,进而产生消极情绪,不利于问题的处理和孩子的发展。

根据以上分析,我们认为,一名合格的家庭教育咨询师至少应该具备以下五种能力。

(一) 熟练掌握家庭教育指导知识的能力

如前所述,家庭教育指导的内容非常复杂,涉及儿童成长的方方面面。家庭教育中可能出现的问题也多种多样,因此,家庭教育咨询师必须掌握教育学、社会学、心理学、营养学等学科中有关家庭教育和儿童发展的科学知识,拥有综合解决问题的能力,同时掌握预防和解决家庭教育中常见问题的策略。

(二) 对症下药和因材施教的能力

孩子在成长的过程中会经历不同的发展阶段,在每个阶段产生的问题也有所不同,如处于青春期的孩子通常具有自尊心强、情绪波动大等特点,不愿意家长过多管束。家庭教育咨询师应该指导家长用平等尊重的方式与孩子相处,不要过多干预和唠叨,只在孩子需要的时候提供恰当的帮助。不同家长的教养方式有所不同,在养育孩子的过程中出现的家庭教育问题也有一定差别,如家长过于溺爱孩子,很容易造成孩子自理能力差,社会适应能力弱,在人际交往中不顺利。家庭教育咨询师应该指导家长在平时生活中逐渐放手,改变教养方式,提高孩子独自应对问题的能力。总之,家庭教育咨询师需要针对不同的问题采用不同的处理方式,指导家长改变不当的教养行为,如此才能对症下药、药到病除。

此外,每个家长都是独立的个体,每个家庭都是独立的组织,家长自身的性格特点和家庭的环境氛围不尽相同。有的家庭夫妻经常吵架,家里硝烟四起,有的家庭婆媳不和,家庭氛围紧张;有的家长认同家庭教育咨询师的权威性和专业性,对家庭教育咨询师的指导接受程度较高,有的家长却对家庭教育咨询师持怀疑和抵触的态度;有的家长脾气暴躁,对孩子缺乏耐心,大吼大叫;有的家长过于细致,处处管束孩子的行为。这些家庭和家长各有特性,家庭教育咨询师在提供咨询服务时需要采取因材施教的方法。

(三) 咨询辅导的能力

开展个案咨询和团体辅导是家庭教育咨询师的重要工作。家庭教育咨询师应该具备一定的咨询辅导能力,能够在与家长建立良好、信任的咨询关系的基础上,正确分析家庭教育问题的产生原因,帮助家庭寻找有效解决问题的对策;能够通过设计团体辅导活动方案、组织团体辅导活动,为有类似家庭教育问题的家庭团体提供指导服务。家庭教育咨询师在进行个案咨询和团体辅导时应该具备以下能力。

一是敏锐的观察力。家庭教育咨询师在进行个案咨询和团体辅导的过程中必须具有敏锐的观察力，要注意观察家长的语言、表情、态度和行为举止，不能仅仅聆听家长对某件事情的描述（这只是家长单方面的归因），还要听听孩子的说法，观察孩子的状态，结合自己通过观察获得的信息来找到问题的症结。有些家长虽然表面上主动来咨询，但在咨询的过程中也会有回避情绪，怕自己被指责、丢面子，不愿意说真话，这时，家庭教育咨询师需要通过敏锐的观察力发现家长言行背后的潜台词。

二是较好的分析能力。前文提到，家庭教育问题涉及方方面面，问题背后既有家长个人的原因，也有整个家庭的原因，当然也有孩子的原因，即使是同一类问题，也可能是不同原因导致的。因此，家庭教育咨询师需要具备较好的分析能力，通过搜集相关资料，引导家长洞察问题根源，透过现象抓住本质，再有针对性地给予家长科学的建议和指导。

三是共情能力。共情又指同理心，简单来讲，是指能设身处地理解他人，懂得对方内心真实感受的能力。共情是家庭教育咨询师获得来访者信任的重要方法。虽然家长来咨询是为了获得家庭教育咨询师的帮助和指导意见，但是家庭教育咨询师并不能单纯把来访者当成一个有问题的、需要改变的人去审视和指责，这不利于与来访者建立信任、和谐的咨询关系，对咨询效果有害无利。家庭教育咨询师应该站在来访者的角度来试着理解他，理解他的真实感受，这样来访者会觉得自己被接纳了，后面就会更加配合咨询工作。例如，一位妈妈来咨询时说自己15岁的孩子很反感和她交流，每天说不到几句话就会跟她吵起来，天气冷的时候嘱咐孩子多穿点衣服，孩子也不听，让孩子多吃点蔬菜，孩子更是不吃，这让她很苦恼，认为孩子不再像小时候那样跟她亲密无间。家庭教育咨询师在遇到这个案例时，首先要做的应该是理解这位妈妈对儿子的关心，同时表达出自己理解她对这种情况十分苦恼，希望能采取措施改变现状，与孩子恢复良好的亲子关系。咨询师应该知道来访者本身才是解决问题的关键，要以来访者为中心，而非单方面进行专家式的指导。咨询师不能在一开始时就指责这位妈妈哪里做得不对，并立刻提出解决方案，这会让来访者认为咨询师站在自己的对立面，影响后续的咨询进展和效果。

（四）良好的心理素质和个人品质

家庭教育咨询师在开展个案咨询和团体辅导的过程中，可能会遇到各种突发情况，如有的来访者在动情时可能会放声哭泣；有的来访者发现 1 至 2 次咨询并没有改变现状会指责家庭教育咨询师不专业；有的来访者性格急躁，说话冲动，始终无法达到满意的沟通效果；也有可能咨询师和家庭都经过了多重努力，但效果还是不明显。家庭教育咨询师只有具备良好的心理素质才能面对咨询过程中的突发情况，也就是说，咨询师要具有良好的情绪控制能力、锲而不舍的意志品质、较强的挫折承受能力和协调沟通能力、较高的心理健康水平等。

家庭教育咨询师的个人品质也会影响咨询的效果。家庭教育咨询师应该责任心强，对工作认真负责；有耐心，对来访者不会产生厌烦情绪；真诚热情、表里如一，不会因为担心来访者对自己评价不好而说假话；乐于助人，愿意用自己的专业知识和能力为有需要的家庭提供指导。

（五）恪守职业道德的能力

每一位家庭教育咨询师都应该恪守职业道德。首先，中小学、幼儿园家长学校的家庭教育咨询师应该遵守《中华人民共和国教师法》等相关法律法规，履行教师的职责和义务。其次，家庭教育咨询师需要遵守个案咨询、团体辅导的行为准则和工作要求，维护咨询家庭的基本权益，特别是要做好家庭和儿童私密信息的保护工作。如果想要分析相关案例，应该得到当事人和当事家庭的允许，并对个体的关键信息进行脱敏，确保个案信息不会泄露，避免对来访家庭造成不良影响。最后，家庭教育咨询师应该不断总结经验，进行反思，并不断通过培训、自学等途径充实自己的专业知识，提升自身的咨询技能。

四、家庭教育活动组织的能力

从事家庭教育活动组织工作的教师又称家庭教育策划师。开展家庭教育指导服务活动是家长学校常见的教学形式，也是提高家长家庭教育水平、密切亲子关系的重要途径。家庭教育活动一般包括家长会、家访、主题讲座、主题沙龙、校园开放日、亲子活动等。家庭教育策划师负责活动的统筹策划、落地执行、复盘总结等。一场成功的家庭教育活动需要教师具备一定的活动组织能力。

（一）活动策划能力

一场活动，无论规模大小、参与人数多少，想要达到预期的效果，前期的活动策划至关重要。策划活动前,家庭教育策划师需要对活动的目的、家长的需求、场地、人员等进行综合分析判断,有针对性地选择不同的家庭教育活动形式,如针对班级部分学生的共性问题,可以组织家长沙龙;针对全班、全年级、全校学生,可以组织家长会、亲子活动,或者是大范围的主题讲座等。家庭教育策划师需要进行协调沟通,合理安排时间、场地、人员、流程等,形成最终方案。即使是小范围的家访,为了提高效率,家庭教育策划师也需要提前与家长沟通好时间、设计好家访路线、预设相关话题等。

（二）活动组织实施能力

家庭教育策划师不仅要勤于思考,更要敏于行动,在完成活动策划后,应该尽快采取实际行动。家庭教育策划师的活动组织实施能力会影响活动策划方案的落实情况。活动实施是一个多人协助的过程,负责活动执行的家庭教育策划师应总揽全局,全面考虑人员调度、流程管理、时间把控、环节衔接、现场突发状况的应对等。家庭教育指导服务活动是一种组织性较强的活动,家庭教育策划师落实活动策划方案的关键在于让更多的人更好地协调配合。

在活动结束后,家庭教育策划师可以组织相关人员进行复盘,总结不足,吸取经验教训;提炼优点,进行复制推广。

第三节　家庭教育指导能力提升路径

在梳理了教师家庭教育指导能力框架后,下一步的重点就是了解提升教师家庭教育指导能力的方式方法和具体举措。我们认为,提升教师家庭教育指导能力的路径主要包括五方面。

一、邀请专家开办家庭教育指导讲座

家长学校可以邀请家庭教育指导、心理学、法律等领域的专家为教师开办家庭教育指导专题讲座,如家长学校可以邀请专家为学校教师详细解读《中华人民共和国家庭教育促进法》。开办的家庭教育指导讲座应该紧跟家庭教育时事热点,在各有侧重的同时统筹兼顾,既要注重提升教师的家庭教育(区域)规划指导能力,也要帮助家庭教育讲师提升自己的理论知识和讲授水平,帮助家庭教育咨询师提升自身的理论知识和咨询能力。家长学校不必拘泥于线下讲座的形式,可以充分利用互联网平台的优势,邀请各地的专家为教师开办家庭教育指导讲座。

二、提供系统的家庭教育指导课程

邀请专家开办家庭教育指导讲座虽然可以帮助教师提高家庭教育指导能力,但也存在一些缺陷,如线下讲座受限于时间和空间、线上讲座内容有限,难以为教师提供系统、全面的指导。为了避免这些缺陷,家长学校可以为教师统一采购市面上系统、专业、可靠的家庭教育指导培训课程。目前,家庭教育行业内已有不少社会力量参与,他们通常会邀请家庭教育领域内的专家参与合作,针对某个专题开发课程内容。家长学校可以根据实际需求为教师选择培训课程,借助培训方的教学评价等手段,全面、系统地提升教师的家庭教育指导能力。统一采购多门培训课程也能在一定程度上减少经费支出,实现效益最大化。

三、鼓励教师与家长进行沟通交流

家长是教师家庭教育指导的对象,也是家庭教育中的主力军。教师要通过有效的方式和渠道积极与家长进行沟通、交流,帮助家长做好家庭教育相关问题的预防工作,引导家长及时发现家庭教育中存在的问题,有针对性地对家长进行家庭教育指导。如果教师发现某些孩子在学习或生活习惯方面存在问题,应该积极联系家长,在平等尊重的基础上与家长进行交流,开展家庭教育指导工作。

此外,家长群体中也有家庭教育经验丰富的人,教师要充分利用这类家长的资源,跟着这类家长学习家庭教育经验。教师可以把优秀家长的经验转化为家庭教育指导案例,便于向其他家长宣传,引导更多家长向其学习。

四、鼓励教师进行经验交流与分享

教师之间的经验交流也是提升教师家庭教育指导能力的好办法,特别是对于尚未成为父母的教师来说。由于缺少当父母的真实体验,这些教师有时候可能无法真正与家长产生共情,无法设身处地理解家长的感受和困惑,在家庭教育咨询过程中会遇到挫折。如果身边有经验丰富的教师,这些教师可以直接向其请教,提高自身的家庭教育指导能力。教师之间可以通过微信群、沙龙、工作坊等进行交流,可以在线上交流,也可以在线下分享。教师相互交流,不仅能促进家庭教育先进经验的分享,促进教师理论水平的提高和实践经验的总结,还能提高教师的团队协作意识和能力,形成良好的家庭教育指导经验分享氛围,带动教师群体共同提升家庭教育指导能力。

五、建立家庭教育指导经典案例库

为了做好家庭教育指导工作,教师不仅需要掌握扎实的理论知识,还需要积累相关案例,提升实践能力。家长学校可以通过家庭教育指导案例征文等形式建立汇聚大量家庭教育指导真实案例的资源库,供教师学习和参考。家长学校在建立家庭教育指导经典案例库的过程中,要注意对精选的案例进行系统化和模块化处理,把案例与家庭教育指导学习目标对应起来,再根据各种学习主题组合成不同的案例集合。另外,案例库的建设要注意时效性,要根据需要不断更新,使教师与不断发展的家庭教育指导理念和实践建立动态连接,从而更好地提高教师的学习效率和家庭教育指导能力[①]。

案例:上海市第二师范学校附属小学的实践

为了提升教师的家庭教育指导能力,上海市第二师范学校附属小学家长学校立足校情,面向全体教师开展家庭教育指导方法和技能培训,全力打造一支"可亲、可敬、可学、可信"的师资队伍。学校把家庭教育指导专题培训纳入师资培训内容,除了在家长会前开展一次家庭教育指导培训外,还组织学校教师认真学习领会《中小学教师职业道德规范》等文件精神,举办家庭教育论坛、家风家训课堂展示、家庭教育指导案例征文等活动,以提升教师的家庭教育指导能力。学校重视深化家庭教育理论研究,定期开展分年级、分学段、分层次的家庭教育指导和研修活动(见表4-1)。

---

① 王天晓.学校如何提升教师的家庭教育指导能力——基于文化历史活动理论的角度[J].新教师,2022(5):6-8.

表4-1 面向不同教师群体的家庭教育指导和研修活动

分层次	新手、职初阶段	"注意谈话技巧,提高谈话效果""学会召开家长会"
	胜任、熟练阶段	"妥善应对意外伤害事故""让品德评语巧拨心弦"
	优秀、骨干阶段	"工作经验交流会""家庭教育案例分析会"
分学段	低年级(一、二年级)	"运用新型媒体开展家校沟通工作"
	中年级(三年级)	"学生从低年级向中高年级过渡的那些事儿"
	高年级(四、五年级)	"教子有方,快乐随行"
分年级	一年级	"沟通从心开始,做好家访工作"
	二年级	"如何在学校、家庭、社会中培养学生的责任感"
	三年级	"家校合作,提升学生的自主管理能力"
	四年级	"激发学生的志愿精神,让学生获得价值感"
	五年级	"搭建多元舞台,成就学生的梦想"

案例:上海市控江二村小学的实践

上海市控江二村小学家长学校创新培训模式,构建了分层多元的教师培训网络。

一是专家讲座。学校创新培训模式,丰富培训内容,构建了分层分级、多渠道、多元化的教师培训网络。每学年,学校都会邀请家庭教育专家、心理学专家、资深班主任,面向全体教师开展有计划、有主题的"每月一训"校本家庭教育专题培训活动,以提高教师的理论素养。

二是教师论坛。为了更好地贯彻全员育人、全过程育人、全方位育人的现代教育理念,适应素质教育的要求,学校通过"教师讲坛""班主任论坛"等对全体教师进行主题式家庭教育指导培训。例如,在全员导师制试点期间,学校开展了以"在关系中成长"为主题的系列分层研讨活动。学校主管德育工作的领导与教师一起探讨了"如何指导家庭进行闲暇教育""如何根据孩子的特点进行生涯规划"等问题。学校的心理教师对其他教师进行了家长沟通技巧方面的指导和专业训练,引导其他教师有效改善学生的学习状态。

三是集团联训。学校作为集团核心校,聚集各校优质资源,以"生命教育"为主线,以德育中高级教师核心团队为主导,开展集团联动研训,帮助各校开展家庭教育工作。例如,针对在线教学,学校在2022年开展了以"'疫'路相伴,心灵守护"为主题的集团心理学科联合教研活动。各成员校分别介绍了本校的特色主题活动,进一步探索了心理健康教育的新形式、新方法。

▶ 第五章

双线融合

『**本章核心内容**』

　　线上线下融合是家长学校 4.0 的核心特征之一，线下是基础，线上是核心，融合是关键。本章从融合发展的视角来剖析家长学校的建设，有助于读者进一步理解数字时代家长学校的特点和本质，做好家长学校发展的顶层设计工作。

第一节　线下家庭教育是基础

　　家长学校从诞生到现在,经历了从 1.0 到 4.0 的不同发展阶段,但是它并非简单的线性发展,而是多种阶段并存、交织。无论是基于政策的要求,还是因为操作简单,一个不争的事实是,不管是 2.0 阶段还是 3.0 阶段,甚至到了 4.0 阶段,传统的家长学校依然存在。

　　线下家长学校作为家长学校的发端和基础,具有不可替代的作用。没有线下家长学校,无论如何借助信息化手段发展,效果都是不尽如人意的,就如同无论教育如何发展,信息技术如何发达,教师的耳提面命都无法被替代一样。从这个意义上说,无论是 2.0 阶段还是 3.0 阶段,家长学校都无法离开 1.0 阶段的样态而独立存在。或者说,家长学校在 1.0 的基础上叠加了相应的功能而成为 2.0 或 3.0。因此,线下家长学校是家长学校的基础。

　　2011 年,《全国妇联　教育部　中央文明办关于进一步加强家长学校工作的指导意见》中规定,家长学校要"努力达到有挂牌标识、有师资队伍、有固定场所、有教学计划、有活动开展、有教学效果的规范化建设目标"。所以,可以理解为"六有"是对传统家长学校的基本要求。

　　笔者在走访的过程中发现,有的学校虽然对外号称有家长学校,却无法准确描述家长学校的定义,有些甚至将其与家长委员会的概念混为一谈;有的学校虽然开展了不少活动,却没有按照相关文件的要求,设立线下的阵地;有的学校在面临检查时,会突击式挂牌和补充相关材料,事后又会恢复常态……上述种种现象表明,不少学校对线下家长学校阵地的建设缺乏足够的认识。所以,构建线下线上融合发展的家长学校,首先要强化线下家长学校的建设。

一、对标政府的相关文件

　　对于国家层面的文件,可以重点关注《全国妇联　教育部　中央文明办关于进一步加强家长学校工作的指导意见》。对于地方文件,各省一般都有相关的具体意见,要求家长学校负责人和核心团队必须深入理解相关文件精神,确保家长学校的发展不走偏,基本动作做到位。

地方文件以上海市为例,2022 年 1 月,上海市教育委员会发布《上海市中小学幼儿园家长学校建设标准》。该标准包括组织管理、课程教学、队伍建设三个一级指标和组织机构、规范管理、条件保障、课程内容、教学实施、效果评价、队伍结构、队伍研修、队伍激励九个二级指标。

二、强化线下阵地的建设

线下阵地的建设要符合"六有"的基本要求。除此之外,管理团队、内部管理制度、工作计划等均可在线下阵地中进行合理呈现。最为简单易行的办法,是在墙面上展示相关的材料。

在墙面上展示相关材料的目的不仅仅是向家长展示,更重要的是提醒学校要对师资队伍、教学计划、活动开展、内部管理制度等进行梳理并形成可执行的文本。

线下阵地要求有相对固定的办公场所,如果条件允许,建议设立一间专门的教室作为家长学校的固定活动场所兼办公场所。教室的空间需要满足办公、家长学习和交流、举办小型活动、展示等需求。

在展示相关材料时,力争做到应展尽展,有的材料适合在墙面上展示,有的适合通过电子设备进行数字化展示,有的适合在桌面上展示,有的适合做展架展示,具体可结合场地的情况进行设计。展示的目的是让家长在参加活动时,对家长学校工作有整体性的了解,从而提升家长的认同度。

为了充分发挥线下阵地的作用,建议有条件的学校可依托专门的活动场所建设家庭教育图书阅览室,购置优质家庭教育图书。购置图书时,建议结合校情设计书单,也可向家长征集心愿书单,并策划图书交流活动。有了常规活动的支撑,家长学校就容易办出效果。

三、推动线下活动的开展

家长学校线下阵地建设过程中,学校层面的家庭教育指导和实践活动必不可少,这样可以增强家长学校的活跃度,家长学校只有活跃起来,才能较大程度地发挥效能。

　　面向全体家长,家长学校可以采用讲座的形式,事先安排好场地,确定好主题并告知家长,讲座中向家长传授家庭教育新理念和好方法,指导家长做孩子坚强的后盾,讲座后及时了解家长的感受,聆听家长的建议,形成良好的家校互动氛围。

　　面向部分家长,家长学校可以采用研讨会、沙龙、读书交流会等形式,针对这部分家长的共性问题确定活动主题,营造轻松的氛围,让家长畅所欲言,为家长答疑解惑,帮助家长更好地开展家庭教育。

　　家长学校所有的线下活动都是为了提升家长的家庭教育素养,家长学校不仅要让家长乐在其中,还要根据学校情况以及家长或家庭的特殊情况,采取不同的形式,提高家长参与活动的积极性。

第二节　线上家庭教育是核心

一、构建触手可及的总入口

　　对于数字家校以什么为载体,每个人都有自己的答案。笔者认为,在当前阶段,比较好的方案是把学校的微信服务号作为载体。

　　为什么不把应用软件作为载体? 因为应用软件开发和迭代的成本都比较高,对家长来说也不友好(占用手机存储空间大)。

　　为什么不把订阅号作为载体? 绝大部分的学校都使用过订阅号,作为工作宣传的主要阵地,订阅号每天一推的频率能够满足学校的需求,因而使用率非常高。但就家长学校总入口的定位来说,服务号所独有的服务功能和入口浅的特点,使其明显优于订阅号。

　　简单对比一下订阅号和服务号:(1)在推送次数上,订阅号每天都可以推送1次,服务号每个月只能推送4次;(2)在入口深浅上,订阅号入口深,家长要通过微信首页的聊天页面找到订阅号的入口,然后才能找到关注的订阅号,而服务号入口浅,在聊天页面中就可以呈现;(3)在服务能力上,订阅号不可以发送模板消息,服务号可以不限数量发送模板消息。服务号之所以以"服务"命名,关键就是它具备发送模板消息的服务能力。家长学校需要运营和服务,家长需要方便快捷的学习体验,因而服务号就成了最佳选择。

开设专门用于数字家校相关工作的服务号后,学校层面就多了一个公众号需要运营,会不会因此增加工作负担? 如果只是简单的工作分流,并不会增加工作负担。但家长学校的工作非常重要,一味追求简单,并不能实现家长学校的目标和使命。恰当的处理办法是,承认家长学校的工作会增加所谓的工作负担,但这是一项重要的工作,可以将相关工作计入工作量。

在订阅号和服务号并存的局面下,建议明确两者的定位。订阅号注重学校各项工作的宣传报道,服务号注重家长学校的相关服务工作。通过服务号的推送功能,家长可以全面获取家长学校的动态信息(两号并存的情况下,家长学校的相关动态可以仅由服务号进行服务,也可以同时在订阅号发布,建议服务号和订阅号都在文章的底栏放置各自的二维码,从而实现服务号与订阅号的互通)。服务号在定位上与订阅号形成互补,家长学校应该打造专属的个性化服务号,彰显学校重视家校工作和家庭教育指导工作。

试想一下,学校通过自身专属的服务号整合家长学校的相关工作,打通线上和线下,让家长学校成为家长学习的一站式学习平台,家长通过服务号就可以了解学校的相关信息,快速进入线上家长学习平台,实现各种线上课程的学习和各种家校活动的报名、签到,获得各种通知提醒,这样的体验毫无疑问是非常好的。

二、打造轻量级的学校应用

微信服务号作为数字家校的载体,除了新媒体的信息推送外,并不直接提供家长学校的相关服务,主要发挥总入口的门户和通道作用,家长可以通过服务号的菜单快速跳转到家长学校平台,也可以及时了解服务号的模板消息。所以,数字家校本身是需要借助一个应用来实现的。

开发一个平台或应用,涉及硬件(服务器)、软件(包含产品设计、UI 设计、前端开发、后端开发、测试等)和产品交付后的运行与维护工作,是一个浩大的工程,需要耗费巨大的精力和资金。一般来说,区域层面相对具备条件,单所学校往往很难实现。值得欣慰的是,随着信息技术的发展,技术开发的门槛越来越低,轻量级的应用成为可能,加上第三方的服务越来越成熟,市场上不乏专业的、低成本的解决方案。

就技术方案而言,比较轻量级的是微信小程序和 H5,两者均可以与微信服务号连通,通过微信服务号的模板消息功能(需要开发部署),实现家长学校与家长的交互。其中,较为理想的方案是微信小程序,小程序与服务号同属微信生态圈,其本身具有"轻"的特点,打开服务号即可点击跳转,不必另外下载。相较 H5,用户更容易再次找到微信小程序,并且在学习过程中较少被微信聊天干扰或打断,体验更好。

就服务器而言,建议采用云服务器。目前市面上的腾讯云、阿里云、华为云等都是很好的选择。云服务器的特点是一次性投入低,可以按需动态扩容,运行与维护成本低。

就平台功能而言,4.0 版的数字家校至少应该具备以下功能:(1)家长学习功能,支持家长便捷学习各类课程资源,支持家长对所学课程进行评价反馈;(2)课程管理功能,支持多维课程结构,支持自定义课程专题,支持上传及管理课程资源;(3)家校活动管理功能,支持对线下、线上、线下＋线上三种活动形式进行全要素和全流程管理;(4)家校沟通功能,支持教师上传或发布相关信息,支持家长查看作业、成绩、课程表、班级文件、班级通知等,支持教师与家长开展讨论;(5)优质资源推荐功能,链接全网优质资源,方便家长通过总入口快速跳转到相关页面进行学习,彰显一站式学习的特点;(6)专家答疑功能,支持专家在线答疑;(7)账号管理功能,支持对教师和家长进行实名制账号维护与管理;(8)积分体系功能,支持记录家长学习行为数据,兼容线下学习场景的数据化,能对家长的学习行为进行有效的激励和及时的反馈,支持更新家长档案;(9)数据分析功能,支持实时数据查询,支持每周、每学年进行数据统计分析。数据是个性化家长学校的核心,通过数据分析改进课程和运营活动安排,有助于实施个性化的指导。

第三节　线上线下融合是关键

一、线上线下阵地相融合

家长学校要依托数字家校平台，整合线下家长学校阵地和线下活动。一是要做好线下阵地的线上展示工作，建议线上展示各种相关文本，最大限度地让家长了解家长学校的综合情况、教学和工作计划。具备条件的学校，可以将线下阵地的空间进行 360°视频化展示。二是要做好线下活动的线上化、线下数据的数字化工作，使线上线下阵地相融合，助力数字家校的发展。

二、线上线下课程相融合

课程是家长学校的核心。家长学校要以需求为导向，根据学校的特点，构建个性化的课程体系。

这里所说的课程是广义的概念，一切有利于提升家长家庭教育素养的资源均可纳入家长学校的课程范畴。它既包括视频、音频、图文等线上课程，又包括线下开办的讲座、沙龙等活动课程，还包括家长会、家访、家长开放日、家长接待日等隐性课程。

线上线下课程相融合有利于课程的顶层设计。家长学校在设计课程时可以按照家长的特点和需求采用适当的课程形式，做到动静相宜。

静指的是课程的体系性，成体系的课程具有相对稳定的特点。笔者建议学校采用视频课程的形式，将优质的内容固化下来，使其成为可以长期使用的资源。此类课程不是一成不变的，随着工作的推进，一些共性的需求可以继续转化成课程的一部分，从而不断丰富课程体系。此类课程适合借助线上的呈现方式供家长学习。

动指的是课程的流动性。流动性是经济学术语，本义是指某种资产转换为支付清偿手段或者说变现的难易程度。此处借用"流动性"这个概念来阐述相对具有动态属性的课程,通俗地说,就是活动类课程。活动类课程往往是根据热点和需求适时推出的,因为具有不确定的特点,往往以线下活动为主。

线上线下课程相融合,可以兼顾课程的体系性与流动性,因而具有很强的丰富性和灵活性,这种模式有利于缓解家长的学习疲劳,提升家长的学习体验,这也是"以家长为中心"理念的一种具体体现。

三、线上线下活动相融合

《中小学德育工作指南》中明确提出,要建立健全家庭教育工作机制,统筹家长委员会、家长学校、家长会、家访、家长开放日、家长接待日等各种家校沟通渠道,丰富学校指导服务内容,及时了解、沟通和反馈学生思想状况和行为表现,认真听取家长对学校的意见和建议,促进家长了解学校办学理念、教育教学改进措施,帮助家长提高家教水平。

《中小学德育工作指南》把家长委员会、家长学校等表述为沟通渠道,这个表述为家校活动提供了一个分类的视角。换而言之,这些主要的沟通渠道也是主要的家校活动种类。从这个视角来分析,有助于我们明确家校活动的边界。

家长学校举办的各种家庭教育指导活动,如专家讲座、沙龙等,都可以归为家长学校的活动课程。家长委员会举办的各种活动,以及家长会、家访、家长开放日、家长接待日等活动,虽然目的不同,如引导家长参与学校治理、促进家长了解学校、加强家校互动,但都有助于提升家长的家庭教育素养,促进家校合作育人。从这个角度来说,林林总总的家校活动均可视为家长学校的隐性课程。

随着中小学、幼儿园的积极探索,家庭教育指导活动、家校活动的形式必将更加丰富。但是不管活动的种类和形式如何多样,从家长参与的方式来看,无非线上或者线下两种活动场景。下面我们以最常见的家庭教育讲座活动为例,阐述线上线下割裂之弊,探讨打通融合之策。

某个学校想开办一次专家讲座,线下要举办活动,线上要直播,怎么操作?这里至少存在两个独立的工作场景:线下要报名统计和签到管理,线上要直播推流和支持回看。需要各班先通知家长报名,再根据家长报名情况做好名单汇总统计工作。线下参加活动的家长到了现场，需要进行签到，时间的浪费自不必多说，如果有家长晚到，还会给签到工作带来一定的麻烦。家长签到结束后，一般学校就是留存一份纸质材料，除了工作留痕，其他就没什么用处了；做得好一些的学校会给家长赋分。对于家长赋分，原始一点的做法是设计表格，但这会增加教师的工作量；有条件的学校会委托技术公司开发一个统计系统，即便如此，也需要把纸质材料转化成表格再导入系统，流程很复杂。除了线下一系列的工作，家长学校还需要找供应商或借助一些免费的直播平台，制作直播海报或链接发到家长群，让家长自己去看。有的平台不支持回看，家长学校还需要进行另外的处理。由此可以看出，要将这两个独立的场景和家长赋分落到实处，需要花费教师很多的时间和精力，但落实效果有时并不尽如人意。

线下与线上分开运行，必然带来数据、管理、评价的割裂，这也就意味着低效率。随着"双减"政策的实施，教师的工作负荷不断增加，如何使线上线下活动相融合，提高工作效率，成为亟待解决的问题。

在 4.0 时代，线上线下活动是如何融合的呢？又是如何做到全要素、全过程管理的呢？还是以常见的专家讲座为例进行说明。学校管理员需要在数字家校平台内发起一场线上＋线下活动，设置线下可报名的名额，设置活动地点，设置不同场景的赋分分值。发布后，全校学生家长立刻在学校的官方微信服务号获得模板消息提醒，有时间的家长报名参加线下活动，没时间的家长报名参加线上活动。活动当天，家长到现场后进入平台即可签到，不到现场的家长无法签到，因为签到是基于定位的。负责的教师利用平台的直播功能进行直播，线上参会的家长在活动开始前就能收到模板消息提醒观看，观看的过程中可以与专家线上互动；家长没空看直播也没关系，直播结束后可以回看视频。学校所有的工作、家长所有的动作都在服务号上完成，家长参加活动后自动获得积分，所有的数据自动汇总到数字家校管理后台，随时可以查看或下载打印。

线下的活动场景，也可以依托平台进行发布、报名、签到和数据管理，实现线下活动线上化、线下数据数字化，大大提高了工作效率。通过家庭教育指导活动和家校活动的集中管理，家长可以充分了解学校所做的工作，便捷地参加相关的活动。更重要的是线上线下活动相融合后，家长学校可以方便快捷地对家长使用的数据进行分析，进而促进学校工作的精准化，提升工作的有效性。

四、线上线下评价相融合

在学校的教学工作中,评价是一个重要的环节。在家长学校的工作中,评价同样是一个重要的环节。关于评价,本书在前面的章节已经进行了详细阐述,此处需要说明的是,学校对家长的评价同样存在线上线下的场景。家长学校容易获得家长的线上学习数据,对其予以适当的评价即可。难点在于如何融合家长的线下学习数据,包括学校组织的学习活动以及家长自发的学习行为所产生的数据。上文所说的"线下活动线上化"可以有效实现学校组织的学习活动的数据数字化,但家长自发的学习行为数据又该如何实现数字化呢?

传统的做法是发一个通知搜集相关材料(如家长发表的家庭教育文章、出版的图书、自发参加的某些高质量的家庭教育培训的结业证书),相关人员通过电子邮件的方式把相关资料发送到指定邮箱,再由相关教师负责下载和归类整理,组织评审赋分。整个过程是独立于数字家校平台而存在的,依然存在数据割裂和效率低下的问题。笔者提供一个视角,建议家长采用技术的手段,在数字家校平台内上传相关资料。家长上传相关资料后,负责的教师可以收到服务号模板消息提醒,评审和赋分的过程都可以在平台内完成,数据自动汇总到评价体系中。

总而言之,在线上线下融合的视角下,无论是线上的数据,还是线下的数据,都可以在线上完成统一管理和整体评价,大大提高工作效率。

五、双主体间沟通相融合

家长学校指向的是家长的学习功能,是学校开展家庭教育指导的主要载体,是一个主体向另一个主体进行单项知识输出的过程;家校沟通指向的是家长和教师的沟通交流功能,是家校合作育人的主要方式,是双主体互动的过程。两者主体一致,实施过程差异虽大,但都是为了孩子的健康成长。

家庭教育是"治未病"的教育,在家长对家庭教育的认识没有到位,或者在没有遇到具体问题的时候,往往显得并不那么重要。似乎可早学、可晚学,甚至可不学,似乎只要家长提供好物质保障,孩子也能长大。所以,在实际工作开展过程中,教师往往感觉到家长对家庭教育学习这件事的积极性并不那么高,呈现出

"弱刚需"的特点。

家校沟通则不然。一般来说,家长非常关心孩子在学校的一举一动,教师与家长沟通孩子的表现往往受到家长的重视,教师发送的相关通知、作业等与学生直接相关的重要信息更是受到家长的重视,呈现出"强刚需"的特点。

因此,两者融合发展具有现实意义,即可以通过家校沟通的"强"带动家长学校的"弱"。以往,教师大多通过第三方软件(如微信群、QQ群、钉钉、企业微信等)与家长沟通。这些都是独立的软件,难以和现有的线上和线下家长学校进行整合。在4.0时代,以服务号为总入口的数字家校平台,依托服务号的模板消息服务能力,让两者整合成为可能。

设想一下,教师可以通过平台的家校沟通功能向家长发送作业、成绩、通知、文件及发起讨论,家长每天通过服务号获取教师发送的信息并与教师进行有距离的互动(区别于即时聊天群,可有效避免对教师的打扰),家长每天大量接触家庭教育方面的各种学习资源,耳濡目染,自然会对其学习有所促进。最美妙的是,家长在获取家校沟通信息的过程中碰巧看到了自己需要或感兴趣的内容,这种学习是令人享受的。

家长学校理想的教育场景是:学校提供足够多、足够好的学习资源,家长可以按需学习,即当家长不想学习的时候,他们不会被要求学习;当家长需要学习的时候,他们知道在哪里可以找到自己需要的资源。两者的融合让这种美好的教育场景成为现实。

案例:上海市奉贤区江海第一小学的实践

上海市奉贤区江海第一小学地处南桥镇老城区,随着新城区建设步伐的加快,学校生源发生了较大的变化,城镇居民迁移到新城区,外来务工随迁人员子女逐渐成为该校的主体生源,目前在校就读的外来务工随迁人员子女占学生总数的2/3。

学生的家庭类型复杂,离异家庭多,"二孩"家庭多,低收入家庭多。多数家庭生活条件比较差,家长文化程度低,经济收入低,工作时间长。在这样的家庭中,家长往往没有时间陪伴孩子,而且缺少正确教育孩子的意识和能力,多由祖辈隔代教育,导致孩子没有形成良好的规则意识,容易出现多动、不愿意学习、注意力不集中等问题。这给学校教育带来了极大的难度。

为此,学校于2016年10月启动了"百分爸妈"家长学校创新实践研究项目,历时两年半。学校以提升家长的家庭教育理念和能力为切入口,把家庭教育纳入学校的总体部署,把家长学校作为培养家长的主课堂,通过推进"百分爸妈"家长学校工作,帮助家长提高认识、明确责任、增强素质。2018年12月,学校被评为上海市家庭教育示范校。

"百分爸妈"家长学校创新实践研究项目以体系化的课程为亮点,以积分评价体系为特色。课程体系包括线上课程、线下课程和实践课程。家长参加活动后,由班主任根据《上海市奉贤区江海第一小学"百分爸妈"积分评价细则》进行评价。积分主要分为四类:(1)学习类积分,包括在家长会、家长开放日、专题讲座、线上学习中获得的积分;(2)活动类积分,包括在亲子运动会、亲子比赛、假日小队活动中获得的积分;(3)分享类积分,包括撰写家庭教育论文、参与经验交流分享、上传家庭教育视频等获得的积分;(4)高阶类积分,包括参与班级管理、参与班级课程建设、为温馨班集体建设出谋划策等获得的积分。

为方便积分统计和赋分,学校还委托第三方开发了赋分系统,大大提高了工作效率。

案例:浙江省舟山市岱山县衢山镇敬业小学的实践

为贯彻执行《中华人民共和国家庭教育促进法》《关于进一步减轻义务教育阶段学生作业负担和校外培训负担的意见》和浙江省、舟山市有关家长学校建设的精神,进一步提升家长的家庭教育素养和学校的家、校、社协同水平,浙江省舟山市岱山县衢山镇敬业小学统筹推进,以数字家校为载体,让传统家长学校和线上家长学校并轨运行,实现线上线下融合发展,着力打造"阳光家校"数字家校品牌,推动学校家庭教育指导工作再上台阶。

一、线下阵地建设

学校按照《全国妇联 教育部 中央文明办关于进一步加强家长学校工作的指导意见》中的具体要求,坚持阵地共用、资源共享、节俭办学、务求实效的原则,积极建设有挂牌标识、有师资队伍、有固定场所、有教学计划、有活动开展、有教学效果的规范化线下阵地。设置交流区、学习区、办公区等功能区;配置电脑、打印机、文件柜、移动电视机、沙发和茶几等办公设备;对规章制度、组织架构、工作计划、教学效果等进行公示宣传。

二、数字家校建设

学校通过顶层设计进行高位引领和统筹管理,围绕数字家校建设和运营,有效解决线上线下"两张皮"的问题,让信息化真正助力家长学校的发展。

(一)线上平台建设

依托微信建设"衢山镇敬业小学"微信服务号(数字家校专用微信服务号)。关注微信服务号后,家长可以通过服务号的菜单栏"家长入口"快速进入数字家校学习平台,了解各类家长学校活动消息,点击跳转活动详情,进行线下活动报名、线下签到、观看直播、回看直播等相关操作。

(二)数字家校的功能架构

表5-1 学习平台模块设置和功能说明

模块设置	功能说明
通知公告	学校发布的各类通知公告,微信服务号【模板消息】提醒,点击可进入详情页面
课程中心	【基础课程】课程聚焦家长关注的热点、难点问题,属于应知应会内容,建议家长完成全部课程学习
	【拓展课程】课程围绕家长关注的其他相关问题,建议家长完成相应课程学习
	【专题课程】学校根据需要临时推出的专题课程
	【我的积分】查看线上得分(包括基础课程学习、拓展课程学习、专题课程学习、记录笔记、观看名家讲堂、互动社区提问或回答问题、参加家长学校活动等获得的积分)、线下实践得分、自我成长得分,点击【积分规则】可以查看具体考核要求
	【名家讲堂】知名专家讲座,一般每周一场,可以按需选择

（续表）

模块设置	功能说明
家校活动	【家长学校活动】发布学校开展的各项家长学校活动信息,家长报名线下活动后可以在指定时间、地点进行电子签到;家长报名线上活动后,可以收看直播和回看相关视频
	【学校/班主任推荐】包括学校、班主任推荐的各类优质资源,如文章、讲座,家长可以按需学习
互动社区	家长可以在互助交流社区提出育儿问题,专家在线答疑

（三）数字家校的课程体系

以需求为导向,以问题为准绳,构建高质量的家长课程体系,同时链接全网优质免费资源,打造以家长为中心的一站式学习社区,方便家长随时随地学习,提升家长的学习体验。

（1）需求调研。学校发放《告家长书》,告知家长即将启用数字家校,引导家长关注服务号并完成课程需求调研。

（2）课程配置。在分析调研结果的基础上,结合单亲家庭数量较多、留守儿童比例较高、隔代养育现象比较普遍、孩子过度依赖手机等情况,有针对性地架构家长学校的课程。参考教师继续教育模式,每年暑假根据情况配置下一学年的课程。在适当的时候架构分年级的课程,形成相对稳定的课程体系。

2022至2023学年课程模块设置见表5-2。

表5-2　2022至2023学年课程模块设置

年级	基础课程	拓展课程	专题课程
一年级			幼小衔接
二年级	1. 开学适应	1. 单亲家庭教育指导	—
三年级	2. 习惯养成	2. 留守儿童家庭教育指导	—
四年级	3. 时间管理	3. 隔代养育指导	青春期家庭教育指导
五年级	4. 手机管理	4. 学习力	青春期家庭教育指导
六年级	5. 亲子沟通	5. 生命教育	小初衔接

注:条件具备时,可以由骨干教师开发校本课程。

（四）数字家校的考核体系

学校积极构建家长学习积分考核体系(见表5-3),引导家长积极参与线上学习和线下实践。每学年评选优秀家长时,积分是重要的评价指标。

表5-3 积分考核体系

序号	类别	考核项目	分值	备注
1	线上学习	基础课程学习	2分	每看完1分钟视频获得2分
2		拓展课程学习	1分	每看完1分钟视频获得1分
3		专题课程学习	1分	每看完1分钟视频获得1分
4		观看专家讲座视频	5分	每观看或者回看一次视频获得5分
5		记录笔记	1分	每记录一条笔记获得1分
6		提问/回复	1分	在专家答疑环节提问1次或者回复其他家长的提问1次获得1分
7		参加线上家长学校活动	自定义分值	根据每场活动的重要性在发起活动时自定义分值,参与活动即可获得相应积分
8		学习学校、班主任推荐的相关内容	5分	学习一次学校、班主任推荐的相关内容即可获得5分
9		每日签到	1分	每日完成签到即可获得1分
10	线下实践	参加线下活动	自定义分值	1. 根据每场活动的重要性在发起活动时自定义分值,报名线下活动且扫码签到成功即可获得相应积分 2. 线下活动包括参加线下家长讲座、家长沙龙、读书活动、家长志愿者活动、家长分享会等,只要是通过平台发起活动的均可以认定为线下活动
11	自我成长	参加平台外的学习	自定义分值	根据家长上传的佐证材料,进行审核及赋分

三、数字家校活动运营

基于校情,面向家长开展线上线下相结合的家庭教育指导活动(见表5-4),所有线下活动均可通过数字家校的"家长学校活动"模块进行活动发布、报名管理和线下签到,平台支持教师实时查看相关数据,能够提高学校管理效能。

表5-4 家庭教育指导活动

序号	类型	活动	时间	频率	备注
1	线上活动	专家讲座	周三 20:00—21:00	一般为每周开展一次(节假日除外)	—
2	线下活动				每次组织一个班级的家长到教室学习
3	线上活动	读书活动	待定	每学期开展一次	1. 家长围绕阅读主题和相关图书开展读书活动,每天读书打卡,撰写读书心得 2. 在学期末前,邀请相关图书作者在线上与家长沟通交流
4	线下活动	家庭教育个案指导	待定	不定期	教师与家长的每次沟通都是一次家庭教育个案指导,要求每位教师都能从家庭教育指导的角度来与家长进行沟通,并做好档案记录工作
5	线下活动	家长进课堂	待定	每学期每个班级开展一次	鼓励家长进课堂,结合自身的职业开展讲课或体验活动。通过家长进课堂活动,让家长体验授课过程,认同教师的职业,对学生进行职业启蒙,进而促进家校合作

（续表）

序号	类型	活动	时间	频率	备注
6	线下活动	家长讲座进社区/村	待定	每学期至少一次	—
7	线下活动	工作推进会	待定	每学年开学初开展	可以结合新生家长会
8	线下活动	总结表彰活动	待定	每学年末开展	评选优秀家长、学习之星、优秀志愿者等，激励家长参与家长学校相关活动

四、家、校、社联动

（一）引导社区营造家庭教育氛围

与社区居委会、村委会等进行联动，结合单亲家庭养育、留守儿童养育、隔代养育等设计家庭教育标语，通过挂横幅的形式呈现在醒目位置，营造家庭教育氛围。

（二）家长讲座进社区

积极与社区居委会、村委会等进行联动，送讲座到社区，积极发挥学校骨干讲师的作用。

自建设运营以来，浙江省舟山市岱山县衢山镇敬业小学"阳光家校"数字家校积极发挥学校的枢纽作用，依托平台大数据分析，为进一步开展相关工作提供了决策依据，让数据为工作赋能，链接家庭、社区、社会资源，实现家、校、社联动，促进家、校、社合力育人，为教育发展提供了新的增长动力。

（案例提供单位　浙江省舟山市岱山县衢山镇敬业小学）

▶ 第六章

他山之石

『**本章核心内容**』

　　他山之石,可以攻玉,欧美国家、澳大利亚、亚洲国家家长学校建设的政策理论与组织实践,对于我国家长学校的探索创新具有重要的借鉴意义。

第一节　欧美国家和澳大利亚的家长学校建设实践

家长教育在国外由来已久。我们需要学习借鉴国外家长学校成功的经验，了解各国制定的相关政策和开展的相关实践活动。

一、美国的家长学校建设实践

（一）家校合作的发展历程

1815 年，美国缅因州的波特兰市开办了第一个为家长参与子女学校教育而准备的"家长教育班"，主要向父母传授管教孩子的手段。这是现代意义上家长学校的最初形态。之后，有 47 个州开办了"从出生到 3 岁"培训班，专门培养"父母辅导者"。

1897 年，全国母亲代表大会（*National Congress of Mothers*）在美国建立，它的主要目标是教育母亲以使儿童受益。1907 年，全国母亲代表大会成立（*Parent Teacher Association*，简称 PTA）。1924 年，全国母亲代表大会改名为全国家长教师代表大会，现在被称为全国家长教师联合会（*National Parent Teacher Association*，简称 National PTA）。全国家长教师联合会的建立，标志着家长正式介入子女教育。

20 世纪 60 年代，为了帮助家长当好孩子的第一任老师，许多教育工作者、心理学家设计并提出了一系列的"父母教育"培训课程，供学区和学校使用。这一阶段的家长教育一般采用工作坊或研讨班的形式，内容包括"如何培养孩子良好的学习、生活习惯""如何与孩子交流""如何引导孩子学习相关的知识和技能"等，目的是让家长掌握作为孩子合格的家庭教师和学校教育的合作者应具备的知识和技能。

进入 21 世纪，美国更加注重政府对教育的持续性投入与支持。2002 年的《不让一个孩子掉队法案》（*No child Left Behind Act*）把家庭教育纳入学校教育体系，要求学校与家庭成为合作伙伴，共同承担起教育儿童的责任。

之后,美国基础教育又进一步改革。为继续鼓励、引导家长积极参与孩子的教育,美国重新整合学校教育和家庭教育,以进一步发挥家庭教育的功能。美国出台了《赋予家长学校席位》(*Empower Parents School Box*,简称 EPSB)。它主要包括三方面内容:一是父母应该知道哪些内容;二是详细描述和解释 EPSB 能提供给孩子的机会,包括消除学业成绩差异、择校、奖学金申请等;三是学习核对清单,即告诉父母在孩子成长的每一个阶段实施家庭教育的具体建议和措施,以及每一个阶段孩子学习的内容范围和学习方法、策略。

(二) 现行家校合作组织

全国家长教师联合会是美国目前主要的家校合作机构。它是一个独立于学校和教育监管部门的第三方非营利性机构,拥有法人资格,不受政府约束。它的组织体系呈金字塔形,最高的是全国家长教师联合会,中间的是州级家长教师联合会,最基层的是地方或学校家长教师联合会。三个层级的家长教师联合会相对独立,但目标一致,具体包括:(1)为儿童代言,参与有关儿童的活动;(2)帮助父母掌握教育、保护儿童的方法;(3)鼓励父母积极参与公立学校的教育。①

联合会由家长、教师、学生及热心于学校和社区事务的市民共同组成,家长代表和学校负责人共同组成理事会,计划、管理学校的各项活动。对联合会的决策,学校和家长都不能左右,这从根本上保障了学校教育行为切实符合学生的利益。

联合会致力于让家长参与到儿童教育中来。全国家长教师联合会于 1997 年制定了《家长/家庭参与计划国家标准》(*National Standards for Parent/ Family Involvement Programs*),从家校沟通、幼儿养育、幼儿学习、参与并支持幼儿园决策等方面,引导家长参与到幼儿教育中来。2007 年,全国家长教师联合会把焦点转向家长、学校和社区如何共同努力来促进学生的成功,发布了《家庭与学校伙伴关系国家标准》(*National Standards for Family-School Partnerships*),并于 2009 年发布了《家庭与学校伙伴关系国家标准实施指南》(*National Standards for Family-School Partnerships:An Implementation Guide*)。全国家长教师联合会还通过研发、倡导项目活动,促进地方家长教师联

---

① 陈峥,王建梁.家校合作的纽带——美国家长教师联合会研究[J].外国中小学教育,2003(5):22-25.

合会的发展,鼓励家庭更多地参与孩子的教育,加强家校之间的联系。近十几年来,全国家长教师联合会陆续推出了"带家人上学周"(*Take Your Family to School Week*)、"互联网安全日"(*Safer Internet Day*)、"教师感恩周"(*Teacher Appreciation Week*)、"让每个孩子都成为焦点"(*Every Child in Focus*)等活动,以加强家长与学校的合作关系,同时引导家长在家庭阅读、家庭作业、家庭教养等方面为孩子提供帮助,使家长在教育儿童方面,从原有的旁观者转变为积极的参与者,从而推动学校教育发展,帮助儿童成功。

除了联合会,美国还有很多致力于家校合作的组织,其中发挥重要作用的是"全国家长参与教育联合会"(*National Network of Partnership Schools*)和"学校、家庭及社区合作研究中心"(*Center on School, Family and Community Partnerships*)。

全国家长参与教育联合会于 1980 年在华盛顿成立,它是一个教育倡导组织,主要提供社区和公共服务。它既有各种家长组织,也有一些代表教师和教育管理人员的国家教育组织。它的任务是引导家长和家庭参与孩子的教育,力求美国的每一所学校都与家庭建立起有意义的合作伙伴关系。它每月都会召开一次会议,共商有关家长参与教育的立法监督和计划实施情况,同时交流政策方面的信息。

学校、家庭及社区合作研究中心的前身是 1990 年成立于波士顿大学的"家庭、社区、学校与儿童学习研究中心",1995 年,该中心转至约翰·霍普金斯大学,并更改为现名。该中心的任务是研究、发展和宣传有助于家庭、学校、社区合作的最新理论和实践,深化人们对学校、家庭及社区合作的认识,促使所有儿童都能获得学业成功和健康发展。1996 年,在联邦教育部教育研究与发展中心的支持下,该中心创建了"全国学校合作关系网"(*National Network of Partnership Schools*),旨在指导学校、学区和各州教育领导者加强与家庭及社区之间的合作。

学校、家庭及社区合作研究中心的负责人是约翰·霍普金斯大学的爱普斯坦(Joyce L. Epstein)教授。爱普斯坦教授提出了著名的重叠影响阈理论,认为家庭、学校、社区的活动共同或单独影响着学生的发展,三者的关系对学生的发展产生了重叠的影响。根据这一理论,爱普斯坦教授认为,家校合作的所有活动可以归纳为六种类型。

（1）当好家长。学校通过开展各种活动,帮助家长掌握必要的养育孩子的知识和技能,为孩子的成长和各阶段的学习建立良好的家庭环境。

（2）相互交流。学校要构建家校双向沟通的有效模式,及时与家长交流学校的教学和学生的状况。

（3）志愿服务。招募和组织家长志愿者,协助学校开展各种活动,帮助和支持学生工作。

（4）在家学习。学校要帮助家长掌握指导孩子学习和辅导作业的技能,向家长提供如何在家帮助孩子学习的信息,包括指导孩子做家庭作业、完成课程相关活动、进行学习决策和计划等。

（5）参与决策。通过家长委员会等家长组织,引导家长参与学校决策,培养家长领导者和家长代表。

（6）与社区协作。学校加强与社区的合作,整合社区资源与服务,促进学校教学、家庭实践以及学生的学习和成长。[1]

这六种类型的活动都是有效的家校合作活动,但真正的家校合作不必同时涵盖这六种类型的活动。这种分类模式具有很强的针对性、指导性和操作性,1998年,全国家长教师联合会采用了这种分类模式,将其作为衡量全国家庭、学校、社区合作的一个评价标准。

二、英国的家长学校建设实践

（一）家校合作的发展历程

1944年,英国的《教育法案》（Education Act）明确了父母在教育孩子中的义务与责任。20世纪50年代中期,由于当时家校合作思想落后,社会普遍认为学校才是教育的主要承担者,大部分家长对孩子的教育处于放任状态,家校关系一度处于冰点。20世纪60年代,《普劳登报告》（Plowden Report）强调,家长在学生受教育过程中与学校同等重要,家长应积极参与到学校教育中去,这一文件使得家校之间的关系日渐回暖。

20世纪70年代到80年代,英国家校关系发展较为快速。在此期间,教育

① 张雪.基于重叠影响阈理论对我国家校合作的启示[J].基础教育研究,2017(21):25-27.

部颁布了许多法案与政策文件。其中，最有代表性的是 1977 年的《泰勒报告》（Taylor Report），该报告明确提出家长可以参与学校管理工作，家长应该在学校管理委员会中占据一定席位。1988 年，英国颁布《教育改革法》（Education Reform Act），规定地方教育机构要为家长提供培训课程，以提高家长的教育水平。这在法律上为家长教育提供了保证。

20 世纪 90 年代，家校合作关系又有了新的发展。1997 年，教育部（当时为"教育与就业部"）发表《追求卓越学校教育》（Excellence in Schools）白皮书，开启了英国的"卓越教育"新时期。白皮书指出，父母参与对于儿童教育具有重要作用；家庭与学校之间应当签署协议、加强联系；应当设立家校合作网站，方便家长与学生了解相关信息①。

进入 21 世纪后，教育部的改革重心愈加向家校合作方面倾斜。2006 年，苏格兰通过了《家长参与学校教育法》（Parental Involvement Act），确立了"家长作为其子女教育的参与者"这一原则。2007 年，教育部改名为"儿童、学校和家庭部"（Department for Children, Schools and Family），其教育变革的主要任务为提升对儿童的服务和促进教育的卓越。2009 年，《儿童、学校与未来：共同构建 21 世纪的学校系统》（Your Children, Your Schools, Our Future: Building a 21st Century Schools System）规定父母在孩子教育中有明确的职责，学校与家庭之间要签订协议书，约定双方的责任与义务。例如，家长要对子女的出勤、家庭阅读等行为进行监督。如果家长违反协议规定，可能会受到法律制裁或相应的罚款②。

2016 年，《卓越教育，无处不在》（Educational Excellence Everywhere）白皮书提出要"把孩子与家长放在首位"，明确家长的重要角色，要求家长必须参与学校教育，并在子女所在学校中享有发言权、表决权。白皮书在第四章第七节"把孩子与家长放在首位"中，明确提出要在 2017 年创建"家长门户网"（Parent Portal）。该网站的主要服务对象是学龄阶段儿童的家长，运行的主要目的是支持家长参与学校教育，便于家长浏览、了解学校相关信息。

---

① 潘安琪.英国家校协议制度的实践及启示——以英国巴顿小学为例[J].基础教育参考,2021(6):5.
② 郑彩华,刘懿.教育让每个儿童准备好迎接 21 世纪的挑战——英国白皮书《儿童、学校和我们的未来》解读及其启示[J].外国中小学教育,2010(9):7.

（二）现行家校合作组织

英国家长教师协会（*Parent-teacher Association UK*）是一个慈善组织机构，成立于 1956 年。这是英国最大的家校合作组织。据 2015 年英国家长教师协会年度影响报告显示，该机构已有 1600 个学校会员以及 100000 名家长成员①。所有学校、学龄阶段儿童的家长都可以成为英国家长教师协会的会员，会员可以共享平台上的所有信息、资料，也可以参与委员会组织的各种活动。

英国家长教师协会的主要职能是鼓励家庭与学校、教育当局、其他感兴趣的团体合作，促进教育的发展。在英国家长教师协会的官网上可以看到，主页中有专门针对父母的栏目 Parents，涉及家长如何参与学校教育、如何支持孩子学习、如何理解现在的教育、建议四方面内容。网站还为家长列出参与学校教育的途径：家长可以成为家长教师协会的成员或志愿者，也可以成为家长教师委员会的成员，英国家长教师协会还搜集家长的意见与建议，向教育部门政策制定者进行反馈。

除了英国家长教师协会外，英国还有其他家校合作组织。

英国家长委员会（*Parent Councils UK*）是英国促进家校合作的正规组织之一，它与英国家长教师协会合作，支持英国的家校合作，推动教育变革。该组织的主要任务有：组织家长见面并分享彼此的意见，把相关意见反馈给学校；代表家长参与学校决策；帮助学校维持与家长的良好关系；为学校管理者和家长提供建议与咨询服务。2016 年下半年，英国家长委员会已在伦敦、伯明翰、曼彻斯特等地的学校建立起家长委员会校园组织，并受到当地学校与家长的欢迎②。

家长参与网络（*Parental Engagement Network*）是一个引导家长与社区参与学校教育的非营利性组织。该组织的主要目的是提供培训、资源、项目、咨询等，以便更好地实现家校合作；通过网站、培训课程、其他媒体等拓宽家校合作沟通渠道。该组织与英国 62 所小学合作开发出"托儿所过渡阶段"国家性项目，这对于一些弱势家庭来说非常有意义③。

除此之外，还有许多帮助家校合作的组织，如"家长的心声"小组（*Parents' Voice*）、"学校之友"（*Friends of School*）、"家长教师机构"（*Parent-staff Association*）。④这些组织或机构大多是非营利性的。它们促进了家校合作与沟

---

① PTA UK. About US. Strategic Goals[EB/OL]. (2016 - 08 - 09)[2022 - 10 - 15]. http://www.pta.org.uk/uploads/files/1/PTA0008_PTA_Strategy document ONLINE.html.

②③④ 陈晓芳.英国小学家校合作的实践及启示[D].烟台：鲁东大学，2017.

通,推动了教育的发展。

三、法国的家长学校建设实践

(一) 家校合作的发展历程

1975 年,法国当时的教育部长哈比主持制定了教育法律文件《哈比法》,其中使用了"学校社会"这个术语,它把学校看作学校与其工作人员、学生、家长紧密联系、相互作用的统一体。这奠定了法国家校合作的基础。

1989 年,法国政府在《教育指导法》(*Loi sur l'orientation scolaire*)中指出,教育团体是指由学生以及校内工作人员、与学校有关系的参与学生教育工作的校外人士组成的集体。该法律的附录中更是明确指出,"家长是教育团体中的特殊成员",他们是"学校或教育机构的永久伙伴"。该法律不仅明确了家长的角色和教师的职责,还明确规定家长有了解学生相关信息的基本权利,学校必须在学校发展计划框架内为学生和家长提供信息等[1]。

1992 年,法国教育部长在为国家与学校签订的"新合同"中提出了 155 条建议,这些建议最大限度地调和了公立与私立学校、教师工会与家长联盟之间的关系。

从 1998 至 1999 学年开始,为期一周的家长培训工作在全国学校开展,目的是把家长和学校教育紧密联系起来,主要涉及两方面:(1)让家长参观学校;(2)让家长了解学校。学校同时也要做到:(1)向家长准确解释他们应如何帮助孩子,比如要求所有的家长一天检查孩子的作业一次;(2)告知家长学校希望得到什么样的帮助,确保家长能感受到学校需要他们。[2]

2002 年,法国司法部出版了一本名为《父母的权利与义务》(*Droits et devoirs des parents*)的指导手册,提醒父母有给孩子确定行事界限、注意孩子交往情况的义务。但是,是否应该在公共教育部门开设家长学校? 诸方各执己见,众说纷纭。有人认为:"通过学校教育父母是必不可少,甚至应当是强制性的。学校应当主动接近父母,因为那些不知道照顾自己孩子的父母是不会主动参与进来的。"

(二) 现行家校合作方式

现在,法国还设立了很多家长和教育工作者学校。法国的公众都认为,教

---

[1] 黄河清.法国家校合作概览[J].中国家庭教育,2008(3):5.
[2] 杨天平.法国学校与家长之间的交流与协调[J].外国教育研究,2004(1):42-44.

师、学生和家长互相沟通是家校合作的重要手段。因此，在每个学年开始的第二周或第三周，每班都要召开一次由全体教师、学生和家长共同参加的会议。会议中，教师必须将本学年要实施的教学计划、采用的教学方法、时间安排、对学生的具体要求等信息告诉学生和家长，以便三方为实现共同的目标携手努力。

为了鼓励家长参与学校教育，法国各学校采取了多项积极措施。如鼓励家长加入学校教育，家长可以加入学校委员会、学校管理委员会和学生委员会等团体，深入了解学校教育；学校会举办形式多样、内容丰富多彩的活动，吸引家长参与学校教育，如教师与家长集体见面会、教师与家长个别见面会、俱乐部、沙龙和圆桌会议等家校活动，以及利用街道社区的文化中心等；为了加强家庭与学校之间的协作，法国还在家长和学校之间配备了"协调人"，协调人在家长和学校之间保持中立态度，他们的主要任务是改善家长和学校之间的关系，向家长解释学校对他们的要求，使学校的意见更易为家长所接受；向教师解释不同文化背景的家长关注学校教育的立场；为家长协助自己的孩子完成学业任务提供服务；代表家长向学校提建议等。

在法国，如果一个未成年人经常逃课甚至犯罪，法院在审理的过程中会同时追究其父母的责任，一些地方的检察院会开设"父母培训班"，让父母能够意识到自己在教育孩子上的不足并及时弥补。家长培训班一次最多召集 4 个家长，培训时间是大半天。通过警察局、宪兵队、省议会和检察官代表召集这些家长。家长向社会工作者说出自己遇到的麻烦。然后，由在培训班工作的检察官介入，指导他们采取有效的办法教育孩子遵纪守法。

四、德国的家长学校建设实践

在德国，家校合作的重要性和必要性得到全社会的认可，并以法律的形式被确定为学校办学的基本原则，使家校合作得到了制度上的保障。各州都在《学校法》中明确要求学校和父母建立起相互信任、伙伴式的合作关系。例如，萨克森州的《学校法》规定："教育学生是父母和学校共同的责任，需要双方相互信任和合作。学校和父母应在教育中互相支持。"巴伐利亚州的《学校法》规定："学校的领导、教师、学生及其家长应相互信任和合作，维护坦诚交流的文化。"在衡量德国学校教育质量时，学校与父母在校内外开展合作的情况自然成为标准之一。

德国家长可以通过很多途径获取子女的教育方法,政府的教育主管部门、州立的教育研究所、全州家长委员会等机构会为父母提供相关的资讯或培训。例如,巴登-符腾堡州的父母基金会能够为该州的父母提供培训,帮助其更好地开展家庭教育和家校合作,其中也有专门针对参与学校各级委员会的家长委员会代表的培训。巴伐利亚州的课程与文化部印制了《学校和家庭共同承担起责任:父母和父母代表在学校的权利和任务》(*Schul- und Familienverantwortung: Rechte und Aufgaben von Eltern und Elternvertretern in der Schule*)宣传册,为父母提供参与家校合作所需要的知识[①]。

教师与父母的沟通也是德国家长获取子女教育方法的途径之一,主要是通过召开家长会、与父母谈话、进行家访等形式。家长会的形式跟中国类似,是班级层面的活动。根据法律要求,家长会必须安排在工作时间之外(通常是晚上),以便父母有时间参加。每学期至少要举行一次家长会。父母谈话是教师与父母约定的会谈,根据具体需要进行,没有次数上的明确限定,通常来说每学期一次,每次时间为一个小时左右。在谈话中,双方交流孩子在家庭中和学校里的各方面表现,并针对存在的问题共同商议解决办法。家访在德国比较少见,只在需要时才进行,如当学生出现逃学的问题时,教师需要进行家访。家访前,教师要和父母联系好。[②]

学校还会通过宣传册、家长信箱、学校简讯、校园网等途径,为父母提供各种信息和咨询服务。此外,学校还会组织一些专题性的父母活动,如父母咖啡会、父母研讨课等,通过交流经验或邀请专家开办讲座的方式,帮助父母提高家庭教育能力,更好地应对青少年成长中的问题。

五、芬兰的家长学校建设实践

芬兰基础教育课程标准指出:"促进和支持家校之间积极沟通是地方落实国家课程标准的必要内容,地方教育行政部门需要提供机会和创造可能让不同的主体参与对话。"[③]为了使家长参与学校教育,芬兰从国家到地方再到学校,不同

---

①②　孙进.德国中小学家校合作的成功经验及启示[J].人民教育,2020(9):73-75.

③　Finnish National Board of Education. National Core Curriculum for Basic Education 2014[S]. Helsinki:Next Print Oy,2016:8,40,54,73.

层面的家长协会和团体为家长提供了重要平台。借助这些平台,家校之间的合作关系变得更为紧密。这些协会和团体为家长提供培训课程,提升家长参与家校合作的实操能力,同时,家长也能够对学校发展决策提出实质性建议。

早在1907年,芬兰就成立了全国家长协会(*Finnish Parents' Association*),该协会成为家校合作最重要的平台之一。该协会持续关注家长与学生的教育权利是否得到保障,以及各地区和学校的教育质量。芬兰各地市的家长协会负责把各校的家长委员会联合起来,促进该地市不同学校家长之间的沟通协作,并向当地市政教育机构表达家长的利益诉求。在学校层面,根据一项全国调查显示,大多数芬兰小学都拥有积极作为的家长委员会,家长广泛参与孩子的教育活动。

除了不同层面的家长协会和团体,威尔玛(Wilma)在线系统也是芬兰不同地市家校沟通交流使用较多的重要媒介之一。通过在线系统,家长可以与学校教师实时沟通孩子的学习情况,也可以快速获取学校的其他信息。孩子在进入小学之前,家长会获得当地教育行政部门提供的临时登录信息,从系统中了解家庭周边的学校信息,为孩子选择适合的学校。孩子正式入学后,家长会获得在线系统的长久登录信息。[①]

在威尔玛在线系统中,教师会发布考试通知、记录学生评价和缺勤等信息,也可以发送即时消息与家长随时沟通,这个功能跟国内教师与家长沟通的方式相似。学校可以通过在线系统面向所有家长发布重要的活动通知、调查问卷及学期日程安排等信息,方便家长实时了解学校的计划安排。家长可以通过在线系统了解孩子的学习表现,及时阅读学校发布的通知,并回应校长或教师发布的问题。

除了通过在线系统交流互动,芬兰还会通过召开集体家长会、组织家长培训等多元方式,提高家长参与孩子教育和学校教育的热情。

芬兰学校每学期至少安排一到两次集体家长会,讨论某些专门问题或事宜。集体家长会可以在班级或全校等不同范围内来组织,主要处理学生选课、中学申请等重要事宜。芬兰有关机构于2017年组织了一场号称全球最大规模的家长

---

① City of Helsinki. Co-operation between School and Home[EB/OL].(2020 - 03 - 23)[2022 - 10 - 14].https://www.hel.fi/helsinki/en/childhood-and-education/comprehensive/cooperation.

会(*World's Largest Parents' Evening*)。该机构发动全国不同地区上百所学校两万余名家长同时进入学校,与学校管理者和教师共同探讨学校教育,思考如何为学生提供面向未来的教育。该场大型家长会的活动内容主要包括集中研讨、分组研讨、自由研讨三个部分。活动组织方通过调动上百所学校同步组织家长会,一方面使学校教育面临的重要问题得到充分讨论;另一方面也验证了大规模家校合作活动开展的资源可行性。活动组织方旨在通过这种创新形式,提供一种更加独特的家长会研讨模式,推动全社会家校合作沟通,让家校之间寻找到更多共同话题。实践表明,这场超大规模的家长会,得到了芬兰广大学校和家长的一致好评,产生了广泛的社会影响。①

芬兰学校会组织家长参与各类教育活动。芬兰家长积极参与学校志愿服务,如学校主题日、节庆、演出等活动的筹备工作,为班级旅行或夏令营筹备费用,参与学校的文化建设等。②

芬兰学校还会邀请校外专家到校开展培训,这些培训关注家长的养育观念和家庭教育能力,这在芬兰学校是很常见的现象。可见芬兰在做好学校教育的同时,也注重家长教育技能的提升。

六、澳大利亚的家长学校建设实践

澳大利亚非常重视家庭在孩子成长过程中的作用,因此,对家长的教育格外重视。

澳大利亚家长委员会(*Australian Parents Council*)成立于 1962 年,是澳大利亚家长群体为抗议学校公共资金分配不均而成立的一个非营利、非教派和非政党组织。该委员会主要由家长资助,也有政府的支持,核心成员主要是来自不同领域的资深工作者。澳大利亚家长委员会在家庭教育方面发挥了重要作用,概括来讲主要包括两方面:一是组织与家庭教育有关的培训与工作坊;二是汇集家庭教育方面的专业信息与建议供家长参考。

---

① Olli-Pekka Heinonen. The World's Largest Parents' Evening[EB/OL]. (2020 - 10 - 19)[2022 - 10 - 20]. https://hundred.org/en/innovations/the-world-s-largest-parents-evening#299dd362.

② City of Espoo. Co-operation between School and Home[EB/OL]. (2020 - 09 - 06)[2022 - 10 - 15]. https://www. espoo. fi/enUS/Childcare _ and _ education/Comprehensive _ education/Studying _ in _ comprehensive_school/Cooperation_between_home_and_school.

目前,澳大利亚家长委员会推出了三种与家庭教育有关的培训与工作坊,为学校教育与儿童学习发展提供专业支持。

(一)四级资格证书培训

澳大利亚家长委员会和哈里森职业服务公司联合推出了首个家长、家庭和社区参与学校教育的四级资格证书培训项目(*Certificate IV in Parent,Family and Community Engagement*),该项目得到了澳大利亚技能质量局的认可。该项目面向所有有志于从事与家长、家庭和社区参与学校教育有关工作并志愿服务的人群,旨在教授家长参与学校教育方面的理论和实践知识,以及有助于为儿童提供最佳教育体验的技能。

培训采取线上教学、线上线下混合教学两种授课模式,在线课程助教和评估者会为受训者提供学习支持,及时反馈学习进度并管理在线研讨会和论坛。培训包括核心课程、实践参与课程、选修课程三部分,通常需要 12 至 18 个月完成学习,重在发展受训者有效领导和支持家长、家庭和社区参与合作实践的技能,与多方利益相关者协作的技能,深刻理解学校共同体的不同需求、观点的技能等。[①]

(二)"成功学习"工作坊

澳大利亚家长委员会组织了一系列"成功学习"工作坊(*Successful Learning Workshops*),有线上、线下两种形式,旨在鼓励和支持家庭培养孩子的读写和计算能力。这些工作坊强调家长和教师开展合作对于儿童发展的重要性,并帮助家长成为孩子学习中的积极伙伴。工作坊向家长提供很多简单实用的建议,指导家长在家中鼓励自己的孩子成为自信、独立的学习者,以此为在校学习奠定基础。

"成功学习"工作坊通常包括两部分,每部分两个小时,以互动为主,内容包括:儿童的关键发展期;如何引导儿童早期识字;如何成为孩子学习中的积极伙伴;家庭,特别是父母,对儿童学习的强大影响;了解学校阅读和写作的教学方式;在家庭学习中,家长和家庭可以提供的帮助;在家长和教师之间建立积极的伙伴关系。澳大利亚家长委员会还以"成功学习"工作坊为基础,开发了一系列免费的学习视频,帮助家长初步了解儿童识字和阅读能力发展规律、家庭学习技巧等。

---

① 卢逸腾.澳大利亚家长委员会:让父母成为孩子学习的积极伙伴[J].上海教育,2022(17):41-43.

（三）"原住民家长因素"项目

因为历史的原因，澳洲原住民与其他澳洲居民之间没有很好地融合。针对这一问题，澳大利亚家长委员会与原住民长老联合建立了"原住民家长因素"项目。该项目的性质和开展方式与"成功学习"工作坊一样，也是通过互动式工作坊为家长和家庭积极参与儿童的早期学习和家校合作提供专业支持。二者最大的区别在于该项目专门面向澳洲原住民家长。

"原住民家长因素"项目旨在帮助澳洲原住民家长理解他们的孩子是如何学习读写、掌握数字技能并把这些知识应用到家庭和社区场景中去的。每次互动式工作坊的时间长度也是两个小时，包括四个板块：一是成功学习（*Successful Learning*），即带领家长了解儿童的关键发展期、积极反馈的重要性，并介绍识字和识数的概念；二是学会阅读（*Learning to Read*），为家长了解儿童如何学习阅读，以及如何在家中支持孩子的课堂学习提供一系列实用建议，强调家庭和家庭语言在儿童学习阅读过程中的重要性；三是学会写作（*Learning to Write*），教授家长如何帮助孩子了解写作，以及为什么写作是一项需要练习和鼓励的技能，强调倾听、交谈和给孩子做示范的重要性；四是成功学习数学（*Successful Learning in Mathematics*），通过高强度的互动，帮助家长理解什么是算术，如何使用它，并以实用的方式介绍许多数学概念，以建立家长对该学科的信心。[①]

为了解决更多家长在家庭教育中遇到的难题，澳大利亚家长委员会在其官方网站上汇集了家庭教育方面的一系列专业信息与建议，其中不仅有家长委员会的专家建议，还有大量的来自其他政府机构、研究机构的相关信息，涉及怎样支持孩子的学习、性健康教育、网络健康教育、职业生涯教育等。

在有些学生人数比较少的学校，校长也会亲自给家长开办一些讲座和培训，让家长了解学校的办学政策、课程设计及学校经费使用情况，听取家长对学校工作的意见和建议等。有些学校每学期还会举办一次学校与家长的大型见面会，与家长交流孩子的学业成绩、个人行为表现等。

---

① 卢逸腾.澳大利亚家长委员会：让父母成为孩子学习的积极伙伴[J].上海教育，2022(17)：41-43.

第二节 亚洲国家的家长学校建设实践

一、日本的家长学校建设实践

日本家长参与学校教育的主要机构是日本家长教师协会(*Parent Teacher Association*,简称 PTA)。1952 年,"日本父母与先生之会全国团体结成大会"在东京召开,PTA 制度自此施行。

日本 PTA 有三级组织,即全国 PTA、地方 PTA 和学校 PTA。PTA 的内涵很丰富,旨在通过家长与教师的沟通,使双方形成教育合力;通过家长与教师的相互学习,共同提高素养与能力;通过家长之间的联谊,促进社区成员紧密联系;通过家长和教师的共同参与,养成教育场域中民主生活的习惯。[①] 在校内,PTA 是全校性的团体,同时,各年级和各班也有 PTA;在校外,各校的 PTA 组成区域联盟,进而形成全国性的联盟,如"日本 PTA 全国协议会""全国高中 PTA 联合会"等。

日本 PTA 以学校为单位,由该校的学生家长和教师志愿加入,通常设会长、副会长、书记、会计、会计监察等,并设有班级委员会、宣传委员会、社区委员会、文化委员会、环境委员会、推荐或指名委员会等。虽然 PTA 是家长和教师共同构成的协会,但由于学生家长的人数远远多于教师,发挥主导作用的往往是家长。PTA 的会长一般由家长担任,而教师则担任 PTA 职员。

PTA 的职能之一是促进家长对学校教育的了解和学校对家庭教育的了解,很多活动因此展开。例如,有的 PTA 开展家长体验学校午餐活动,让家长到学校来,一边吃学生的午餐,一边听营养师讲解营养搭配的思路、食材的选择、食谱的确定,教师在学生用餐中渗透礼仪教育、劳动教育、生活教育、自然教育等;班级 PTA 召开的学期会议相当于我国的家长会,但会议主角不是教师而是家长,通常,家长会介绍孩子在家中的表现,对家庭教育和学校教育提出问题,对班级管理和班级活动提出建议等,教师也会介绍学校教育的理念、思路和活动,对家

[①] 高益民.日本 PTA,促进家校合作的重要途径[EB/OL].(2021 - 12 - 24)[2022 - 10 - 15]. https://www.fx361.com/page/2021/1224/9194787.shtml.

长的提问做出解释。①

此外,PTA 还会举办一些提高家长素养的活动,开展形式多样的学习研修。如有的 PTA 邀请家庭教育专家举办专题讲座,或邀请著名的讲师召开演讲会,以提升家长的家庭教育能力,类似于我国家长学校开展的活动;由于日本家长中家庭主妇的比例较高,一些 PTA 还会利用学校设施开设家长书画社团、家长合唱团等家长社团,丰富家庭主妇的生活,提高她们的修养和家庭教育能力;针对父亲对家庭教育参与不足的情况,一些 PTA 还会开设专门由父亲参加的亲子活动或联谊活动,引导父亲参与到家庭教育中来。丰富的家长活动可以加强家校之间的联系。

二、新加坡的家长学校建设实践

新加坡政府一直重视教育,并不断进行教育改革。1997 年,新加坡政府在第四次教育改革中提出,为了使学生有终身学习的热情,必须着力培养学生的探究精神和创造力。这一改革目标让所有的中小学校和教育界人士意识到,学校教育必须密切联系与儿童成长相关的个体、团体和组织,营造整个社会共育人才的氛围。为此,新加坡教育部于 1998 年成立了"社区与家长辅助学校理事会"(*Community & Parents in Support of Schools*,简称 COMPASS),该理事会由家长、教师、行业、媒体和教育工作者等相关代表组成,其主要的职责是"促进和发展良好的家、校、社合作关系;基于家长、社会和行业的视角对教育中的问题和政策进行反馈;鼓励家长、社区、行业与教育部共同努力,培养全面发展的终身学习者"②。

COMPASS 要求中小学校成立家长支援小组(*Parent Support Groups*,简称 PSG),帮助学生发挥潜能,成为创新人才。学校、家庭、社区要形成合作伙伴关系,在教育中发挥各自的作用。COMPASS 在《家长支援小组手册》中指出,PSG 的愿景是"每个孩子都是我的孩子,每个父母都是积极的合作伙伴"。家长支援小组主要由父母群体组成,内部设有执行委员会,具体负责与学校教员的联系。截至2012 年,新加坡已有超过 95% 的学校设置了正式的 PSG 小组。③ 2017 年,

① 高益民.日本 PTA,促进家校合作的重要途径[EB/OL].(2021 - 12 - 24)[2022 - 10 - 15]. https://www.fx361.com/page/2021/1224/9194787.shtml.

② Ministry of Education,Singapore. Role of COMPASS[EB/OL].(2022 - 09 - 27)[2022 - 10 - 15].https://www.moe.gov.sg/compass.

③ Ministry of Education,Singapore. New Website for Parents and Resource Pack for Schools on Home-School-Community Partnership[EB/OL].(2012 - 09 - 12)[2022 - 10 - 15]. https://www.moe.gov.sg/news/press-releases/new website for parents and resource pack for schools on home-school-community partnership.

COMPASS 发布《家长支援小组父母指导书》，该指导书详细阐述了 PSG 的职责、组成、愿景及其基本行动准则，并给出了相关措施，以维持家庭与学校间的合作关系。

2001 年，新加坡社会与家庭发展部（*Ministry of Social and Family Development*）成立了家庭教育民众委员会（*Public Education Committee on Family*），该委员会强调家庭教育的重要性，在其发布的《重要家庭》报告中明确指出，"良好的学校合作能够为家庭教育项目提供各种资源和活动，进而增强家庭教育效果"[①]。MSF 设置了"家庭社区"和"家庭学校"两个部门，其中，"家庭学校"部门开发出"学校家庭教育"（*School Family Education*）项目，该项目是一个以学校为基础的家庭生活教育计划项目。借助该项目，新加坡各阶段的学生不仅可以学习课程文化知识，还能够提高家庭生活技能。MSF 还进一步发起"父亲生活运动"项目，该项目旨在鼓励、帮助和动员父亲成为孩子健康生活和成长的榜样。

2012 年，新加坡教育部启动"家长教育"（*Parents in Education*）网站，后改为 SCHOOLBAG 网站，增强学校与家长之间的合作，开发面向家长的教育资源，向家长传授教育子女的实用技巧和举措实例。SCHOOLBAG 网站包含教育新闻、学习资源和育儿技巧，还推出了《教育伙伴信息手册》（*Education Partner Information Handbook*），指导学校与家长、校友、社区增强联系。

新加坡教育部还设立了家长门户（*Parents Gateway*）手机应用程序，使拥有 Singpass（Singpass 是一种常见的密码，允许用户连接到政府机构网站并办理相关事务）的家长能更方便地与学校互动，了解学校的计划和活动的最新动态，接收学校的所有公告，签发学生活动同意书、跟踪学生活动。这个手机应用程序有助于家长及时获取教育行政部门或学校的通知信息，促进家长与学校之间的沟通，从而减少家庭与学校不必要的摩擦。[②]

除了这些机构之外，新加坡还有家长教师协会（*Parent Teacher Association*）、校友会（*Alumni*）、学校咨询委员会（*School Advisory Committee*）等机构。这些机构能够帮助家长掌握育儿知识，加强家长、社区和学校间的联系，拓宽其教育合作路径，构建内涵丰富的教育合作平台。

总体来说，国外的家长教育实践历史悠久，并一直在创新。不同国家的政策、做法都考虑了国情，对我国家长学校的探索有一定的借鉴意义。

---

① 霍利婷.新加坡"学校家庭教育计划"[J].外国中小学教育,2008(7):4.
② 黄美桦,王健.家长支援小组:新加坡家校共育新形态[J].上海教育,2020(35):56-57.

▶ 第七章

本国现状

『本章核心内容』

　　本章总结了我国家长学校的发展历程和典型案例,肯定了已取得的成效,强调了其建设的价值,也指出了存在的问题,希望读者能有所领悟,掩卷长思。

《关于全国家长学校工作的指导意见》指出,家长学校以未成年人的家长及其抚养人为主要对象,是为提高家长素质和家庭教育水平而组织的成人教育机构。家长学校的任务是帮助和引导家长树立正确的家庭教育观念,掌握家庭教育的科学知识和方法,提高科学教育子女的能力。也就是说,家长学校通过传播科学的家庭教育知识,帮助家长更新教育观念,提高教育素质,改善教育行为,促进未成年人的健康成长。

家长学校是针对在家庭里承担着抚养和教育子女责任的父母或其他监护人创办的有目的、有计划、有秩序的教育和培训组织。在教育学理论中,学校教育、家庭教育和社会教育三者形成教育合力,共同支撑着教育这个系统工程。学校教育、家庭教育和社会教育既紧密联系,互相配合,又各自承担着不同的教育任务,这是社会发展促进教育自然分工的结果。以下重点介绍家长学校在我国的实践情况。

第一节　港、台地区的家长学校建设实践

我国港、澳、台地区作为经济发达地区,家长学校建设较早,其国际化程度较高,与国外的交流也更频繁和深入。在教育改革日益深化的背景下,我国港、澳、台地区在借鉴国外理论研究和实践经验的同时,结合具体情况,一步步探索了适合本地区家校合作的发展道路。比如,香港地区的"家庭与学校合作事宜工作委员会""家长教师会"等组织,澳门地区的"家长会"制度和"家长教育读书课程"的推广,台湾地区的"班级亲师会""学校家长会"等都有效促进了家校合作①。

根据港、澳、台地区家长参与教育的实践经验和政策条例,许多学者认为,家长委员会是凝聚学校、家庭和社会力量的组织。以下重点介绍港、台地区的家长学校建设实践。

目前,我国台湾地区的法律体系比较健全。早在1945年,台湾地区就颁布

---

① 关颖.家庭教育社会学[M].北京:教育科学出版社,2014:364.

了《推行家庭教育办法》,此办法规定了各级各类行政机构、教育机构、学校在推进家庭教育工作中的职责。家长参与学校教育成为 20 世纪 80 年代台湾教育改革的诉求,法律法规的制定为家长参与学校教育实践提供了权利保障;组织的完善和学校的鼓励使其逐渐成为一种制度。然而,当时大陆家长参与学校教育仍存在法律文本缺失、组织未健全、学校与家长观念陈旧等问题。本节概述台湾家长参与学校教育的发展历程,家长参与学校教育的相关法律条文、组织层级,以及参与的范围与内容,以期为大陆家长参与学校教育提供借鉴参考。

随着社会经济的繁荣发展和教育民主权利意识的提升,家长日益希望参加到子女的整个教育过程中,其主要途径是建立各级家校合作组织,整合各方面力量促进教育的优化发展。

台湾地区自 20 世纪 90 年代初指导家长参与各项教育工作,并成立相关组织机构。台湾地区从 2003 年起陆续推出以《家长参与教育法》为主的多项政策,完善了家长参与教育的机制。家长委员会的成立,助推了家长学校的发展。家长委员会通过不同形式的家庭教育讲座、座谈会、户外活动,增强了家长管教子女的能力。家长委员会还通过引导家长在学校担任义工等途径为教育助力。可以这样理解,家长委员会发挥了我们传统意义上的家长学校的功能,但其教育价值远不止这些。家长委员会可以牵头搜集资料,研究相关问题,递交教育法案,倡导教育政策,争取教育资源等,通过各种方式强化学校教育效能、家庭教育效能,促进学生学习与发展[1]。

台湾地区的教育受到欧美教育发展趋势的影响,受美国、法国等影响最深。1950 年,台湾地区各级学校开始设置家长会,但多属于学校的附属。1988 年,学校家长会的成员大多由各个地方士绅或民意代表担任,其功能仅限于捐款。1995 年,《台北市中小学校家长会设置办法》明文规定,家长会必须指派 1 至 3 名委员列席各级会议。2002 年,《台北市中小学校学生家长会设置自治条例》强调,家庭、学校与社区应该紧密结合。可见,其时台湾地区的家校合作发展路径已经制度化。台湾以较完善的法律体系来规范与指导家庭教育发展,而大陆更多的是依靠倡导性政策。台湾地区的家庭教育法律政策更系统,更具体,更有针对性。

---

① 叶晓璐.国外及港台地区家校合作实践研究综述[J].世界教育信息,2011(4):62-64.

1988 年，香港教育署制作了一本有关家长之道的小册子，发给全香港的家长。其后，又印发了《略谈家长与学校的联系》《加强家庭与学校沟通》的报告，向家长和教师介绍家庭与学校沟通的方法。1990 年，香港教育统筹委员会在《第四号报告书》中强调了家庭与学校联系对协助解决青少年问题的重要性。1991 年，香港特区政府提出的学校管理新措施报告中，建议学校告知家长学校所定的目标、政策；提供更多机会让家长与教师讨论子女的学习进度；引导家长一起教育儿童。学校管理新措施报告中还建议成立家长教师会、举办家长活动、组织家长教师聚会、引导家长参与课外活动等。1992 年，香港教育统筹委员会在《第五号报告书》中建议成立一个处理家庭与学校合作事宜的委员会，宣扬家长与学校合作教育孩子的理念。1993 年，家庭与学校合作事宜委员会宣告成立，该组织广邀专业人士及各界名望人士加入，政府每年拨款 50 万港币，作为研究与开展相关活动的经费①。

家长参与教育已经成为当今社会教育发展的大趋势，可以说，港台地区的家长委员会有着更丰富的教育职能，家校共育比较成熟，家长学校的辐射面更广，形式多样、内容丰富，而且已经制度化、规范化，具有较强的针对性和可操作性，这些是值得大陆家庭教育研究借鉴的。大陆在家庭教育工作中可以多关注以下几点：在学校设立家长委员会独立办公和交流区；促进家长与教师、家长与家长、家长与专家之间的联系和交流；开展多种形式的家庭教育活动；成立家长义工队，挖掘社区资源，促进社会去发展教育；引导家长参加校务会议，参与校务决策；培养相关领域社会工作人才。基于此，2010 年，《全国家庭教育指导大纲》中指出要"大力发展社会教师工作队伍"。2010 年，《国家中长期教育改革和发展规划纲要（2010—2020 年）》明确要求"建立中小学家长委员会"以推进现代学校制度建设。2011 年，《加强家长学校工作意见》中指出，有条件的学校可聘请专家或社会工作者开展相关工作（家长学校）。家长委员会的设置，让家长与教师联手教育学生，学校与家庭联合共育人才。组织资源全方位培养学生的家长委员会、家长学校，正在通过时代的检验，发挥着自己不可替代的教育价值②。

① 叶晓璐.国外及港台地区家校合作实践研究综述[J].世界教育信息，2011(4)：62-64.
② 卞海成.港台家校合作经验对内地的启发意义[J].重庆科技学院学报(社会科学版)，2011(8)：56-57.

第二节　大陆地区的家长学校建设实践

一、家长学校建设的现状概述

（一）家长学校的发展历程概述

教育部关心下一代工作委员会成立以来，始终把指导和推动全国家庭教育工作作为重点工作之一。为了适应新时期教育改革和发展的形势，开创家庭教育工作新局面，2010 年 6 月，教育部关心下一代工作委员会启动全国家长学校教育实验区工作，并确定了北京市等 15 个省市的 120 个市（县、区）作为全国家长学校实验区。2012 年 6 月至 8 月，又先后批准了北京市大兴区、山西省临汾市等 42 个市（县、区）为教育部关心下一代工作委员会全国家长学校教育实验区，实验区数量增至 162 个。截至 2012 年底，据北京、天津、安徽、甘肃、贵州、河北、吉林、辽宁、山东、四川、山西、陕西、云南等省、自治区、直辖市不完全统计，实验区共办有家长学校 12093 所（占幼儿园、中小学学校总数的 15.84%）；从家长学校平均每学期上课的课时来看，幼儿园为 11.77 课时，小学为 15.07 课时，初中为 18.42 课时，每学期培训家长 9462519 人[①]。随着家长学校的建设日益成熟，家长学校办学质量也在逐渐提升，受益家长群体范围日益扩大。

据 2012 年全国家庭教育工作会议发布的信息，在全国 52 万所中等职业学校和中小学、幼儿园中，已经建立家长学校的约有 33 万所，约占总数的 63.5%。"十一五"期间，我国共建立新婚夫妇学校、孕妇学校、人口学校 16.7 万所，手机、网络等家长学校 2.4 万所，乡（镇）、村家长学校 21.0 万所，省、市、县三级家庭教育指导中心约 5000 所。街道、社区家长学校（包括家庭教育服务点）4.8 万所[②]。

---

① 教育部关心下一代工作委员会全国家长学校教育实验区领导小组办公室.家长学校建设理论与实践[M].北京:学苑出版社,2013:182.
② 赵东花.在全国家庭教育工作会议上的工作报告[J].中国妇运,2012(11):9-15.

2016 年,《关于指导推进家庭教育的五年规划(2016—2020 年)》指出,进一步拓展家庭教育指导服务阵地,继续巩固发展学校、家庭、社区相衔接的指导服务网络,城市社区、学校建立家庭教育指导服务站点或家长学校的比例达到90%,农村社区(村)、学校建立家庭教育指导服务站点或者家长学校的比例达到 80%。

2022 年,《关于指导推进家庭教育的五年规划(2021—2025 年)》(以下简称《规划》)指出,把构建覆盖城乡的家庭教育指导服务体系、健全学校家庭社会协同育人机制、促进儿童健康成长确立为今后一个时期家庭教育的根本目标,推动"十四五"时期家庭教育高质量发展。在巩固发展学校家庭教育指导方面,《规划》指出,推动中小学、幼儿园普遍建立家长学校,每学期至少组织 2 次家庭教育指导服务活动,做到有制度、有计划、有师资、有活动、有评估。在规范强化社区家庭教育指导方面,《规划》指出,依托城乡社区综合服务设施、文明实践所站、妇女儿童之家等普遍建立家长学校,每年至少组织 4 次普惠性家庭教育指导服务活动。在完善 3 岁以下婴幼儿家庭育儿指导服务机制方面,《规划》指出,推动妇幼保健机构、基层医疗卫生机构开展婴幼儿早期发展服务。

《中华人民共和国家庭教育促进法》自 2022 年 1 月 1 日起施行。其中,第二十五条指出:"省级以上人民政府应当组织有关部门统筹建设家庭教育信息化共享服务平台,开设公益性网上家长学校和网络课程,开通服务热线,提供线上家庭教育指导服务。"第二十八条指出:"县级以上地方人民政府可以结合当地实际情况和需要,通过多种途径和方式确定家庭教育指导机构。家庭教育指导机构对辖区内社区家长学校、学校家长学校及其他家庭教育指导服务站点进行指导,同时开展家庭教育研究、服务人员队伍建设和培训、公共服务产品研发。"这为数字时代的家庭教育指导和家长学校建设指明了方向,提出了新的要求。

(二) 家长学校的理论研究与实践阶段总结

家长学校是落实家庭教育工作的重要途径和有效形式,是家校协同教育与合作的重要方面,是学校与其他教育机构形成教育合力的重要形式。

总体来看,国内对家长学校的理论研究与实践可以划分为三个阶段。

第一个阶段,家庭教育开始受到关注。20 世纪 80 年代,为了满足时代发展和社会进步的需求,人才培养和国民综合素质提升成为我国当时人才培养与教育改革的重要方向。《中国教育改革和发展纲要》(1993)中明确指出了家长对子女教育的重要作用。20世纪90年代前后,很多学者把家庭教育作为一门学科来进行专题研究。在此基础上,2010年2月,《全国家庭教育指导大纲》颁布。大量家庭教育学方面的理论专著相继推出,如赵忠心的《家庭教育学:教育子女的科学与艺术》、彭立荣的《家庭教育学》。

第二个阶段,家长学校正式出现。20世纪80年代初,浙江省宁波市象山县石浦镇中心小学、上海市虹口区长治中学(现为上海市澄衷初级中学)、广东省广州市荔湾区乐贤坊小学等学校率先建设了一批家长学校。从1992年开始,我国相继出台多项政策文件,明确提到要开办家长学校,建立多元化的家长学校办学体制,增加各类家长学校的数量。2014年,《关于全国家长学校工作的指导意见》中明确指出了家长学校的性质和任务,并对家长学校的指导与管理、组织与领导等提出了具体要求。国内一些学者逐渐开始关注家长学校的理论研究,但大多散见于有关家校合作的理论专著中,如杨永良的《青少年学校、家庭、社会三结合教育机制的研究》、马忠虎的《家校合作》、黄河清的《家校合作导论》、杨宝忠的《大教育视野中的家庭教育》、郑燕祥的《教育领导与改革新范式》等。杭州大学刘力教授较早对小学家长参与学校教育进行专业理论研究,其代表作是1992年发表的《家长参与学校教育的功能及方式》。马忠虎教授对家校合作的理论进行了剖析,指出家庭和学校在对孩子的教育中有着平等的作用与地位,二者合作才能使教育效果达到最佳。

第三个阶段,家长学校普遍建立,得到广泛研究。2016年,《关于指导推进家庭教育的五年规划(2016—2020年)》中明确提出,普遍建立家长学校或家庭教育指导服务站点,城市社区达到90%,农村社区(村)达到80%。这一时期对于家长学校的理论研究比较集中,研究内容逐渐从浅表性分析转向实践指导,如纪登训的《家长学校的实践与探索》、杨春茂的《家长学校教材:幼儿家长手册》等[1]。

(三) 家长学校建设的典型案例

自《全国家庭教育工作"十一五"规划》实施以来,各地各部门以科学发展观为指导,按照《中共中央 国务院关于进一步加强和改进未成年人思想道德建设的若干意见》要求,采取有力措施,在家庭教育理论研究、宣传普及、指导服务、实

---

[1] 王晓丽.国内外家长学校的理论与实践研究[J].知识文库,2017(18):196.

践活动、队伍建设等方面取得了显著的成绩,在促进未成年人健康成长、推进社会主义和谐社会建设方面发挥了重要作用,涌现出了一批工作业绩突出、特色鲜明、示范作用明显的家长学校。

为了树立典型,推广经验,进一步促进家庭教育工作整体推进、持续发展,全国妇联、教育部决定,命名北京市西城区家庭教育指导中心等 299 个单位为"全国示范家长学校(家庭教育指导中心)";命名北京市朝阳区望京西园四区等 99 个单位为"全国家庭教育工作示范社区(村)";命名北京市顺义区等 31 个县(市、区)为"全国家庭教育工作示范县(市、区)"。

这些优秀的家长学校锐意创新、扎实工作,不断开创家庭教育工作新局面,充分发挥着榜样作用、辐射和带动作用,为促进未成年人健康成长、构建社会主义和谐社会作出新贡献。

案例:上海市开展多层面的交流互动,拓宽家长学校的传播外延[①]

上海市统筹区文明办、妇联、教育局等各类社会资源,推动有条件的机关、企事业单位、社会团体创办家长学校,规范开展家庭教育指导、服务工作。上海市积极推进"1+16+X"家庭教育指导机构建设,即建设 1 个市级、16 个区级家庭教育研究和指导中心,进一步推动各中小学(含中职)、幼儿园家长学校规范化建设,确保各类家长学校每年至少开展 4 次家庭教育指导和家庭教育实践活动。同时,上海市加快建设线上家长学校,大力拓展微信和手机客户端等新媒体服务平台,探索建立远程家庭教育服务网络,为家长提供便捷、个性化的指导服务。上海市还邀请家庭教育专家与家长面对面交流,为家长介绍科学的家庭教育理念和方法,提升家长的科学育儿能力。

上海市家庭教育工作实践中的"顶层化设计""社会化推进""品牌化管理"等理念充分体现了上海市对家庭教育的重视。上海市准确把握时代的特征,重视家庭的需求,积极面对新情况,解决新问题。

案例:山东省潍坊市线上线下结合,让家庭教育无处不在[②]

从 2002 年的"亲子共成长"工程起步,20 多年来,山东省潍坊市的家庭教育

---

① 孙云晓.中国家庭教育蓝皮书(2016)[M].北京:教育科学出版社,2017:249,252-253.

② 山东省教育厅办公室."亲子共成长"——潍坊市家、校、社共育工程|致敬品牌·献礼二十大[EB/OL].(2022-06-16)[2022-10-15]. https://baijiahao.baidu.com/s? id=1735762399472276618&wfr=spider&for=pc.

工作大致包括三个阶段。

一是2002至2016年的"唤醒普及"阶段。潍坊市建立健全了家庭教育的组织队伍体系,组建了10支家庭教育工作队伍和由300名全国一流的家庭教育专家组成的专家资源库;研发了全国首套家庭教育分年级图书《牵手两代 幸福路上》,形成了覆盖0至18岁孩子的家庭教育课程体系和一年四次八课时的家庭教育课时标准。

二是2017至2020年的"个性化与标准化建设"阶段。潍坊市建立健全了家庭教育的规章制度;研发了国内首例"中国家长移动学校",向全市家长免费开放;探索建立了"视频导课—问题研讨—课堂总结—作业布置—微课巩固"五步家庭教育教学法,构建起了"班本化"的家庭教育课程落实体系,为潍坊市家庭教育持续健康发展奠定了制度基础。

三是2021年以来的"家、校、社协同育人"阶段。2021年,潍坊市成立了中国家庭教育大数据中心;2022年,潍坊市启动了"家、校、社一体化的教育惠民服务网建设",精准服务家长个性化、多样化的教育需求。潍坊市教育部门发起,多部门联合共建了"家、校、社共育工作委员会",一起构建党委领导、部门协作、家庭尽责、社会参与的家庭教育联动工作格局。

目前,潍坊市的家庭教育资源充沛、架构全面、生态完善,并且具备了迅速复制和推广的条件。潍坊市建立线上线下结合的学习机制,利用公共服务平台和微信服务号不断推动家庭教育课程发展,充分利用家长学校、家庭教育报告会,形成了家长时时能学、处处可学的全方位学习机制。

案例:广东省中山市通过四类阵地实现家庭教育全覆盖[①]

从2011年起,广东省中山市率先开展家庭教育的探索实践,在全国成立首个事业单位性质的市级家庭教育指导服务中心。在这个龙头阵地的带动下,中山市充分发挥学校家长学校、社区家长学校、企业家长学校等阵地的作用,深入开展家庭教育工作,着力提供家庭教育公共服务,培育家庭教育师资队伍,指导家长学校工作,组织开展形式多样的家庭教育实践活动,为家长提供多元化、有针对性的指导服务,每年服务家长、儿童超过100万人次。

中山市通过四类阵地实现家庭教育全覆盖。一是发挥市级家庭教育指导服

---

① 高薇,王晓君."中山模式"破解家庭教育普遍性难题[N].南方日报,2015-11-03.

务中心的龙头阵地作用。市级家庭教育指导服务中心承担全市家庭教育的理论研究、课程开发、师资队伍培训和活动组织工作,负责指导、服务全市约1500多所各级各类家长学校。二是发挥学校家长学校的主要阵地作用。中山市中小学、幼儿园一共建有1010所家长学校,这些家长学校均按照相关标准进行了规范化建设,每年培训家长100万人次。三是发挥社区家长学校的覆盖作用。中山市277个社区(村)设立家长学校,每个社区(村)每年开办家庭教育公益讲座2场、亲子实践活动2场。四是发挥企业家长学校的补充作用。针对中山市流动人口超过户籍人口的情况,中山市妇联在大型工业园区等处为流动儿童家长提供家庭教育指导服务。中山市自2011年成立全市第一所企业家长学校以来,目前企业家长学校已覆盖全市各镇区。

案例:江苏省淮安市注重探索创新,精心打造家教品牌[①]

自2015年以来,江苏省淮安市扎实推进家庭教育工作,出台了《做合格家长,担家庭责任——淮安市家庭教育实施方案》,成立了淮安市家庭教育指导协调委员会,形成了以政府为主导、以家庭为基础、以学校为纽带、以法律为督导的家庭教育工作格局。

2016年,淮安市各中小学在家长学校全面覆盖的基础上,深入推进常态化、标准化、课程化、特色化建设。2017年,淮安市相关部门联合召开"四化"家长学校建设现场会,启动了全市家庭教育讲师团建设工程,举办了百名家庭教育宣讲师专题培训班,着力提高家庭教育工作者的事业心、责任感和硬本领。

淮安市妇联把社区家长学校列为覆盖城乡家庭教育指导服务体系建设的重点项目,制定相关制度,多次召开社区家长学校建设推进会,充分挖掘、运用社会教育资源,扩大社区家长学校的办学覆盖面,在社区营造推门可见、社区可感、家家参与的家庭教育良好环境,发挥家庭在基层社会治理中的重要作用。各级妇联领导常年深入社区调研指导,多次走上社区家长学校讲台授课,向广大家长授业解惑。

在家长学校的探索实践中,淮安市积极发挥家长学校的主要阵地作用,制定家长学校工作制度,优化教材与课程设计,做到组织、人员、阵地、教材"四落实"。

---

① 淮安市家庭教育研究会.关于淮安市家庭教育工作的调研与建议[EB/OL].(2022 - 04 - 19)[2022 - 10 - 15].http://www.hajtjy.org.cn/index.php? m=home&c=View&a=index&aid=131.

目前,教育部门主抓的家长学校基本实现了全覆盖,妇联系统的幼儿园也都开办了家长学校,其中,优秀家长学校约占1/3。淮安市建立了由家庭教育专家、在校名师、老干部、大学生、儿童工作者等组成的志愿者服务队伍,为广大家长提供个性化菜单和培训咨询服务。淮安市教育系统开展了"千名教干(即教育干部)进社区,万名教师进万家"主题活动,深入40万学生家中进行访谈,有力地促进了家庭教育工作的开展。

淮安市积极创新工作方式方法。针对特殊群体家庭教育工作中存在的问题,淮安市关心下一代工作委员会大力推进"四覆盖"关爱计划,即"个个有人关护"的全员覆盖、"时时有人关护"的全天候覆盖、"处处有人关护"的全方位覆盖、"事事有人关心"的全过程覆盖,做到帮青少年与帮家长相结合、"五老"帮与领导帮相结合、帮思想与帮解决问题相结合、"公开帮"和"暗中帮"相结合、一人帮和多人帮相结合。此外,淮安市还建立了档案管理、培训等制度,全市建立成长记录档案10万余册,设置了2450个校外教育辅导站,覆盖全市所有的行政村社区①。

案例:黑龙江省哈尔滨市走近农民工,让家长学校的热度温暖到每个角落

随着经济的快速发展和我国城市化进程的加快,大批农民工涌入城市。随之而来的是这个群体如何对孩子进行家庭教育、怎样处理与孩子之间的矛盾等问题。

作为街道党工委书记,赵晓春自2008年起研究农民工子女家庭教育,创办了哈尔滨春晓农民工家长学校。这是黑龙江省开办的首家农民工家长学校,主要目的是为农民工家长提供家庭教育指导服务,向农民工家长传授科学合理的家庭教育方法,帮助他们转变"棍棒之下出孝子"的粗暴教育理念,使农民工子女形成健康的心理发展模式。截至2016年,哈尔滨春晓农民工家长学校开设了230多堂家庭教育课,得到家长反馈1万余条,1.7万余名家长的教育观念悄然改变②。

在哈尔滨春晓农民工家长学校的引领下,更多的学校以菜单式授课方式为

---

① 孙云晓.中国家庭教育蓝皮书(2016)[M].北京:教育科学出版社,2017:245-246.
② 中国文明网."义工校长"赵晓春创办农民工家长学校 怎样从冷清到火爆[EB/OL].(2016-08-05)[2022-10-15].http://www.wenming.cn/sbhr_pd/hr365/zrwl/201608/t20160805_3576796.shtml.

家长开办家庭教育讲座,有针对性地对家长进行指导;同时,开展生态体验式培训,开放课堂教学,请家长参与学校教育活动,给家长和孩子一个共同成长的空间。

哈尔滨市积极组建家庭教育团队,把关爱农民工及其子女作为关注民本民生、构建和谐街道、实现政府职能转变的切入点,以家庭素质教育为内容,免费为农民工家长开办家庭教育讲座,引导农民工家长树立正确的教育观念,掌握科学的教育方法,使他们的孩子健康快乐成长,享受学习的快乐。

案例:上海市奉贤区发挥数字优势,强化家庭教育的基础作用

2022 年 5 月 16 日,上海市奉贤区数字家长学校平台正式上线。该平台以服务学校、服务家长、服务学生为宗旨,涵盖课程模块、学分规则、组织管理等方面,通过"数字"全景式地扫描区域家庭教育的整体情况,密切关注家长的学习动态,鼓励家长积极学习;及时回应家长增加育儿知识、提升育儿理念的迫切需求,为家长提供精准、融合、全方位的服务;借助云端,实现家庭和学校实时沟通,充分发挥桥梁纽带作用,持续推动家、校、社合力育人工作取得实效。数字家长学校平台是推进家校共育的有力探索,奉贤区努力将其打造成指导家长开展家庭教育工作的重要载体和抓手,进一步优化家、校、社协同育人的良好教育生态。

奉贤区数字家长学校是由奉贤区教育局发起,依托上海开放大学奉贤分校和奉贤区教育学院专业力量打造的一个全覆盖、全时段、全方位的线上家庭教育指导服务平台,传播科学的家庭教育理念,普及系统的家庭教育知识,发布权威的家庭教育信息,满足家长一站式教育需求,呵护孩子健康成长。

平台课程以短视频为主,生动有趣,深入浅出,有利于家长随时随地学习。课程内容涉及家长必修、家教专题、学习型家庭等模块,涵盖家庭教育指导中的焦点问题、适合家长和孩子共同学习的内容等,遴选的百门家庭教育精品课程也陆续上线供家长学习。平台首页呈现热门课程,方便家长浏览学习。

二、家长学校建设的成效和价值

家长是需要学习的,当然,教师本身也是需要学习的。我们知道,绝大部分教师是接受师范教育后才获得教师资格证书的,但是绝大部分家长没有经过任何专业训练,所以,家长接受培训是必要的。但培训不是让家长被动接受教育,现在很多家长的学习能力很强,虽然他们的一些教育方法是有问题的,但是他们有自己的教育思想和理念。因此,培训家长不是我们教育家长,而是家长自己教育自己,这是家长学校非常重要的形式①。

(一) 家长学校建设的成效

我国家长学校的产生和发展过程中,改革开放、教育进步和社区建设是三大动力因素。家长学校是 20 世纪 80 年代在我国兴起并迅速发展的。从 1981 年至今,我国家长学校大致经历了起步探索阶段、迅速发展阶段、深化发展阶段和内涵发展阶段。家庭教育意义重大但又现状堪忧,解决家庭教育问题的关键在于提高家长的教育素养,而建设家长学校是提高家长教育素养的可行之路。研究家长学校的性质特点和发展规律,实现学校教育、家庭教育和社会教育的融合发展,具有重要的理论价值和实践意义。建设家长学校,能够提升家长的教育素质,提高家庭教育质量,从而更好地促进孩子的发展。

家校共育,就是家庭与学校联合起来共同培养孩子。做好家校共育工作对于基础教育发展来说意义重大。传统的教育理念下,我们对于学生成长的认识是不全面的,没有充分发挥家校共育模式的优势,对于学生的成长和发展有着一定的限制性。在新的教育理念下,我们有了新的认识,基于新理念构建新的家校共育模式是十分必要的。

随着社会的发展和时代的进步,家庭教育不再是学校教育的补充和延伸,而是与学校教育、社会教育共同构成现代教育体系的三大支柱。而家长学校是指导家长正确教育孩子的一个重要途径,是系统地开展家庭教育指导、提高家长家庭教育能力和水平、让家长树立正确的育儿观和人生观的主要阵地。因此,我们一直致力于通过家长学校活动的开展,将家庭教育与学校教育融合在一起。

(二) 家长学校建设的价值

随着数字时代的到来,从国家到地方,从家庭到学校,从家长到教师都特别注重家庭教育,注重家长学校的建设。无论怎么称呼家长学校,其价值定位都是为了孩子更好地成长。家长学校是为提高家长素质和家庭教育水平而组织的成人教育机构,家长学校建设的价值主要包括以下几方面。

---

① 朱永新.除了家委会,学校更应该帮助家长成长[EB/OL].(2021 - 03 - 15)[2022 - 10 - 15]. http://www.360doc.com/content/21/0315/21/9570732_967156405.shtml.

1. 促进家庭教育观念的更新

当代社会发展迅速,科学技术日新月异,家庭教育不断面临新的挑战,家长需要及时更新家庭教育观念。对国内外家庭教育的对比探究,尤其是对家长学校的追根溯源,能够促进家长、教师更新家庭教育观念。

毫无疑问,家庭教育有独特的规律,是否遵循其规律将决定家庭教育的成败。今天,人们的生活环境和思想观念等都有许多显著的变化,家庭教育呈现出许多新的特点和规律。因此,当代父母需要新的家庭教育观念,家庭教育工作者更是需要新的家庭教育观念,这是家庭教育工作的正确方向和基本原则的逻辑起点[1]。

那么,究竟什么是新的家庭教育观念呢? 新的家庭教育观念是关于家庭教育规律、特点的新认识与新方法,是以追求家庭和谐、人生幸福、社会进步为核心目标的科学理论。目前,新的家庭教育观念至少包括五方面的内容:一是新的家庭观,我们需要捍卫家庭;二是新的儿童观,我们需要尊重儿童的权利;三是新的教育观,我们需要生活教育;四是新的代际关系,我们需要与孩子一起成长,甚至应该向孩子学习;五是新的文化观,我们需要将中外优秀文化融会贯通,提高文化自信[2]。

富有创新性的新的家庭教育观念将为教育治理提供新的思路,为家庭教育事业注入新的活力,成为家庭和谐、人生幸福、社会进步的理论基础,也将成为广大家长与教师特别是家庭教育工作者的导航系统[3]。

2. 适应数字时代的发展

数字时代给我们的生活带来了巨大的变化,我们的生活模式和行为模式都在潜移默化间改变着。数字时代对孩子的素质要求非常高,家校只有联动起来,为孩子的发展蓄能,才能让孩子更好地适应复杂、不确定的未来。

家庭作为社会的最小单位,同样深受数字技术的影响。家长如果不转变思想,其既有的错误认知就会成为孩子发展路上的绊脚石。数字化让人们的连接更为便捷。在变化已成为时代基调的现在,再没有一成不变的生活模式,新问题层出不穷,孩子未来面对的是更加多元的生活模式,家长要帮助孩子找到适合自己的路,走出属于自己的未来。

---

[1][2][3] 孙云晓.中国家庭教育蓝皮书(2016)[M].北京:教育科学出版社,2017:36-37.

　　数字技术的一个重要特性就是赋能个体,孩子运用数字技术能快速获取广泛的信息和知识,数字技术让孩子的成长之路更顺畅。现在的孩子能随时随地通过各种渠道得知世界上任何一个角落发生的事情,他们有更多机会接触家长不曾了解的圈子,找到自己感兴趣的领域。这所有的一切,都让孩子的成长变得不可控,家长很难在家搞"一言堂"了,因为孩子可能比家长知道的还要多。这一切,都是数字技术的影响结果①。

　　家长学校应该从以下几方面引导家长:(1)帮助家长接受数字时代,了解现在孩子与以往孩子的不同;(2)帮助家长认识数字时代,重新认识自己的角色;(3)引导家长从数字时代的特点出发,找到家庭教育的新关注点;(4)激励家长发挥数字时代的优势,掌握新的育儿策略。"每个孩子都带着独特的基因密码来到这个世界,孩子的养育之路没有标准答案。家长培育孩子,应该多关注长远因素",而家长因为没有经过专门培训,更需要家长学校的指引,家长学校能够让家长在家庭教育中养成学习的习惯,不断更新育儿知识,最终达到与时俱进、科学养育的目标。

　　兴办家长学校,能够使家长在提高自身素质的同时掌握教育孩子的科学方法,使得家长和孩子共同进步,共同受益。家长学校通过对家长学习规律的探索,促进了家庭教育的发展,进而使孩子有更强的能力来适应未来的社会发展。

三、家长学校建设中存在的问题

　　朱永新在《家校合作,教育不愁》一文中指出:"我建议将家长学校叫成父母学校。有人说,如果叫成父母学校,哪还有爷爷奶奶呢。我说,爷爷奶奶是父母的父母。所以,家长学校被称为父母学校是没有问题的,我们称之为新父母学校。我不要求大家都改,但我希望在新教育学校能将这个名称规范化。"②放眼全国,各个省份家长学校的开办质量是参差不齐的,各省内不同地市家长学校的教育效果也是良莠不齐的。

　　虽然我国的家校合作早在20世纪80年代已经受到关注,但从效果来看,情况并不乐观。在目前的家校合作中,偏重的是低层次、临时性、单向和分主客体

---

① 　书本乔.家庭教育,如何在数字化新时代找到新出路[EB/OL].(2021 - 05 - 18)[2022 - 10 - 15].https://book.douban.com/review/13574572.
② 　朱永新.家校合作,教育不愁[J].师资建设,2018,31(1):4.

性质的家校合作关系。这主要是由家庭与学校对家校合作的认识不足、沟通有障碍等原因造成的。这说明我国的家校合作在理论研究、思想观念、运作机制、资源配置、功能结构上还需要加大力度进行改革和创新①。

我国家庭教育事业的确取得了巨大的进步,学校创办家长学校和创立家长委员会是必要的,但仍然存在着一些不足之处:家校观念亟待更新,体制机制亟待理顺、健全,师资队伍建设亟待加强,课程、教材亟待落实,教学方法亟待研究、创新。

实践新教育理念是促进教学发展的关键,家长学校应该重视家校共育模式,不断创新家庭教育模式,充分发挥家庭、学校对于孩子成长和发展的作用。家长学校应该结合教学实践,以孩子发展为前提,因地制宜地开展家校共育工作。

① 教育部关心下一代工作委员会全国家长学校教育实验区领导小组办公室.家长学校建设理论与实践[M].北京:学苑出版社,2013:143-144.

附录一

1.《全国妇联 教育部 中央文明办关于进一步加强家长学校工作的指导意见》(妇字〔2011〕2号)

2.《教育部关于加强家庭教育工作的指导意见》(教基一〔2015〕10号)

3.《全国妇联 教育部等11部门印发〈关于指导推进家庭教育的五年规划(2021—2025年)〉》

4.《全国家庭教育指导大纲(修订)》(妇字〔2019〕27 号)

5.《中华人民共和国家庭教育促进法》(2021 年 10 月 23 日第十三届全国人民代表大会常务委员会第三十一次会议通过)

6.《上海市教育委员会 上海市妇女联合会 上海市精神文明建设委员会办公室 上海市未成年人保护委员会办公室〈关于进一步加强家庭教育工作的实施意见〉》(沪教委德〔2017〕7 号)

7.《北京市教育委员会　首都精神文明建设委员会办公室　北京市妇女联合会印发〈北京市关于进一步加强中小学家庭教育指导服务工作的实施意见〉的通知》（京教基一〔2018〕11 号）

8.《（江苏）省教育厅关于加强与改进中小学幼儿园家庭教育指导工作的意见》（苏教基〔2020〕19 号）

9.《（江苏）省教育厅关于印发〈江苏省中小学幼儿园家长学校工作指导意见〉的通知》（苏教基函〔2022〕18 号）

附录二

上海市教育委员会关于印发《上海市中小学幼儿园家长学校建设标准》的通知

沪教委德〔2022〕6号

各区教育局,各有关委、局、控股(集团)公司:

为深入学习宣传贯彻《中华人民共和国家庭教育促进法》和习近平总书记关于家庭教育重要论述,根据全国妇联、教育部和中央文明办《关于进一步加强家长学校工作的指导意见》(妇字〔2011〕2号)、教育部《关于加强家庭教育工作的指导意见》(教基一〔2015〕10号)和市教委等四部门《关于进一步加强家庭教育工作的实施意见》(沪教委德〔2017〕7号)等精神,进一步加强对本市中小学(含中职校)、幼儿园家长学校(以下简称"家长学校")的规范管理,保障家长学校工作有效开展,市教委制定了《上海市中小学幼儿园家长学校建设标准(试行)》。现印发给你们,请结合实际参照执行。

上海市教育委员会

2022年1月29日

附件　上海市中小学幼儿园家长学校建设标准(试行)

一级 指标	二级 指标	建设要求
A 组织 管理	A1 组织 机构	(1) 将家长学校建设纳入学校工作总体部署,纳入学校规划、计划和总结中。学校家庭教育工作领导小组每学期至少召开2次会议,推进家长学校工作 (2) 幼儿园、中小学(含中职校)家长学校校长由园长或者校长(书记)担任,并设立专职人员负责家长学校日常管理工作;聘请家长代表、专业人士等共同参与家长学校建设
	A2 规范 管理	(3) 完善内部管理制度,建立家长学校教学管理、教师研修、学员学习、档案管理、建设评价等工作台账 (4) 建立家长学校资源引入、服务社区等联动支持制度
	A3 条件 保障	(5) 家长学校一般要有名称、有挂牌标识;管理人员、外聘教师等有相对固定的办公场所 (6) 家长学校硬件配置、师资队伍建设、课程开发和研究等工作经费纳入学校年度预算,保障工作开展

（续表）

一级指标	二级指标	建设要求
B 课程教学	**B1 课程内容**	（7）根据国家及本市家庭教育指导大纲，以问题和需求为导向，科学设计教学内容，针对不同年级、不同家庭和关键时段家庭教育指导重点与难点，建立基础课程、专题课程和个性化课程 （8）教学内容应涵盖党的教育方针、相关法律法规和政策；幼儿和中小学生身心发展规律、亲子关系与家风建设，以及家长对孩子实施道德品质、身体素质、生活技能、文化修养、行为习惯、心理健康、安全素养等方面教育所需的理念、知识和方法
	B2 教学实施	（9）坚持线上线下相结合，以集体授课为基本形式，运用互动式、案例式、体验式教学及个别咨询等多种方式。每年开展家庭教育指导和家庭教育实践活动不少于4次，其中原则上每学期开学前1周要安排1次集体授课，每次不少于45分钟 （10）建立覆盖全体学生父母或其他监护人的学习档案，包含学员名册、过程记录等内容，建档率达100%。对特殊家庭实施个案研究和跟踪指导
	B3 效果评价	（11）每次教学实施后要进行家长满意度调查，及时调整优化课程内容和教学方式 （12）以学员学习档案为抓手，探索家长学校学分制，每学年对优秀家庭及时进行宣传
C 队伍建设	**C1 队伍结构**	（13）建成由学校教师和法律、心理学、社会学、家庭教育、德育、公共安全等领域专业人士共同参与，专兼职相结合，稳定的家长学校师资队伍
	C2 队伍研修	（14）将家庭教育指导专题培训纳入师资培训内容，每学期至少开展1次面向全体教师的家庭教育指导培训 （15）家长学校核心团队每学期至少开展2次集体备课或研修活动
	C3 队伍激励	（16）把参与家长学校家庭教育指导情况纳入教师年终考核，并匹配绩效激励 （17）对在家长学校建设中有突出贡献的优秀管理者和指导者进行宣传

后　记

提笔写下"后记"两个字的那一刻，已经是书稿交付并沉淀半年后了，一直犹豫着要不要写后记，再次收到编辑的询问后，想着应该还是给这本书一个完整的结构。

客观而言，这本书是阶段性的研究成果之一，尚不完全成熟，但又有迫不得已想要发声的若干现实理由，有客观的，也有主观的。客观的原因，似已在书中阐释了。主观的原因，则是想提醒自己和团队成员不要忘记自己实践工作者的研究责任和使命，要时常反思实践工作，并力争形成一些"让大家都能看得懂"的学术性文字，这应该也可以算作教师培训的一种形式。

本书成文过程中，寻求了多方"战友"的指导和支持，其中有高校的教育研究专家，有教育行政单位的管理者，有学校的教育管理者和教师，也有支持教育发展的各类社会机构的工作者，有家长和社区工作者等。各方的观点未必一致，但都为我们提供了重要的借鉴和参考，也使我们更加坚定了写完这本书的初心。应该说，撰写本书的过程，也是我们复盘学习的过程，让人感到兴奋和愉悦。

就为能有这样一种让人感到兴奋和愉悦的体验，也要向所有和我们"吵过架""辩过论""握过手"的人们表示衷心的感谢。特别要感谢的，是参与本书讨论的苏州工业园区青剑湖实验中学的石春秀、苏州工业园区独墅湖学校的胡茹娟两位老师，以及家庭教育专业培训网的李智敏、李强、寇丽等老师，没有你们无私的帮助和支持，本书很难顺利完成，向你们深表诚挚的谢意！

感谢上海教育出版社刘芳副社长、公雯雯主任、杜金丹编辑为本书的编辑出版付出的大量心血！感谢陈霞博士、宁彦锋博士、张俊老师等身边同事时常的提点和帮扶！感谢各区校长和德研工作同行提供各自探索的实践案例！在此一并郑重地说声："谢谢你们！"

教育有痕，教育无恒。路漫漫其修远兮，吾将上下而求索！恳盼能与同行于教育理论研究和实践探索领域的您携手、共勉！

李　敏

2023 年 4 月 18 日凌晨于丽娃河畔

图书在版编目（CIP）数据

数字时代的家长学校 / 李敏，金德江著. — 上海：
上海教育出版社，2023.5
（上海教师教育丛书. 知新书系）
ISBN 978-7-5720-1962-3

Ⅰ. ①数… Ⅱ. ①李… ②金… Ⅲ. ①家长学校 – 教
育研究 Ⅳ. ①G459

中国国家版本馆CIP数据核字(2023)第079444号

总 策 划　刘　芳　宁彦锋
责任编辑　杜金丹
书籍设计　王　捷

上海教师教育丛书　知新书系
数字时代的家长学校
李　敏　金德江　著

出版发行　上海教育出版社有限公司
官　　网　www.seph.com.cn
地　　址　上海市闵行区号景路159弄C座
邮　　编　201101
印　　刷　上海展强印刷有限公司
开　　本　700×1000　1/16　印张 13.25
字　　数　217 千字
版　　次　2023年8月第1版
印　　次　2023年8月第1次印刷
书　　号　ISBN 978-7-5720-1962-3/G·1763
定　　价　56.00 元

如发现质量问题，读者可向本社调换　电话：021-64373213